"ママ"は今すぐ"社長"になりましょう!

「夫婦」で豊かになる「3つ」の不動産投資

～家事のあいまに「コインパーキング」&
「中古戸建て」&「アパート」経営で
家賃収入40万円!～

「秘書大家」こと金子みき

◇本書推薦のお言葉　『いますぐ妻を社長にしなさい』著者　坂下《さかした》仁《じん》氏より

あなたにとって本当に役立つ本は次のどちらだと思いますか？

A　ものすごい実績をあげて別次元に行ってしまった**「才能ある成功者」が書いた本**

B　現在進行系で成功を重ねる人の「具体的なノウ・ハウと生の体験」が書かれた本

凄い人が書いた本を読んで憧れを抱くのも読書の楽しみ方の1つです。でも、あなたが本の一部を**「自分の人生の糧にしたい」と思うなら、Bの方が参考になります。**

言わずと知れたことですが、世の中の本の大半はAの別次元に行った凄い人が書いた本です。私もそんな**凄い人の本を読んで感動して何度も真似しよう**と思いました。ところが、**その試みはことごとく失敗しました。**理解することが難しいですし、実際にやってみることはもっと難しいからです。

あなただって、「この人だからできたんでしょ？」って思ったこと、ありますよね？

これに対して、**普通の人が書いた本は一気にハードルが下がります。**あなたと同じ目線なので読みやすいし共感できる。「それなら私でもできるかも！」って思えます。

実は、**この本がその良い例**です。著者の金子みきさんに私が初めてお会いしたのは今から3年前でした。「照れ屋で控えめな女性」。私が受けた第一印象でした。夫を立てながら楚々として家事と育児にいそしむ主婦。そんなイメージの大和撫子でしたので、**彼女が3年後に本を出版することになるなんて**、当時は想像さえしていませんでした。おそらく、それを一番実感しているのは、他ならぬ金子さんご本人だと思います。

金子さんはそれくらい普通にどこにでもいる人。あなたの隣に住んでいる普通の家庭の普通の主婦なのです。そんな彼女がなぜ、本を出せるくらいまで成功したのか？ それは金子さんが**「家に居ながらママが社長になって副業する」という「妻社長メソッド」**を選んだから。

何も分からない自分にもできるのだろうか？ そんな素朴な疑問に対する答えもこの本に納められています。つまり、この本は、**何が分からないのかさえも分からない「3年前の金子さんのようなあなた」**のために書かれた本なのです。

論より証拠と言います。まずはページをめくって、「はじめに」をご覧ください。

坂下 仁

はじめに

皆さま、はじめまして。金子みきと申します。

私は、20年間大手スポーツ用品店の「ムラサキスポーツ」に勤めていました。

そのうちの約5年間は、社長秘書をしておりました。

そのせいか、大家さん業界では「秘書大家」と呼ばれております。

本書のタイトル通り、今の私はサラリーマンの夫の妻であり、小学生の子どもを育てるママでありながら、一起業家です。その役職は一応「社長」です。

そんな私の独身時代は、会社勤めをすることに何の疑問も持っていない普通のＯＬでした。

「いつか、ご縁に恵まれたら結婚して家族をつくって幸せに暮らしたいな」

そんな風に漠然と将来のことを考えていたのです。

ところが、実際に結婚、出産と夢に描いていた生活を手にしたとき、私自身に訪れたのは「息つく暇もないほどの忙しさ」と「将来に対する大きな不安」でした。

というのも、私は結婚したのが遅く、いわゆる高齢出産をしています。

それにもかかわらず、2人も子宝に恵まれたことを本当に嬉しく思っていますし、子供たちは私たち夫婦にとって何にも代えがたい大切な存在です。

しかし、子育てが終わるまでの私たち夫婦の年齢を考えると「不安」の二文字が常に脳裏を駆け巡りました。

教育費と生活費のやりくり。やがてくる親の介護。そして私たち夫婦の老後・・・。

旅行？　外食？　とんでもない！

とても「幸せいっぱい」と手放しで喜べない状況でした。

実際のところ、子供が生まれた後の現実は容赦ありませんでした。

埼玉県のはずれに住む私の家から職場まで片道2時間、時短勤務だからこそ、保育園や義母の力も借りて何とか成り立っていましたが、それでも一分一秒も無駄にできないほどの慌ただしい生活でした。

この忙しさなら、3年後の時短勤務が終わったときには、仕事と子育ての両立はとてもムリ・・・そう思いました。


かといって、仕事を簡単に辞めるわけにはいきません。

まだまだ「おカネ」が必要な私たちの将来を考えれば、「仕事をしない」という選択肢はなかったのです。


さあ、どうしよう。

私たち夫婦は考えました。

本もいっぱい読みました。

私たち家族が幸せに暮らすために最良の選択肢は何なのか?


そして、ある一冊の本との出会いによって、「私たち家族の進む道はこれしかない!」と思えたのです。

その本のタイトルは、『いますぐ妻を社長にしなさい』（サンマーク出版）。後に私の師匠となる、坂下《さかした》 仁《じん》さんが書かれたベストセラー書でした。

そして、いろいろ勉強や苦労もありましたが、私たち夫婦はこの本の通り、「ママ（妻）である私が社長になって」会社を設立したのです。

もちろん、私も夫も普通の会社員でしたから、ビジネスの経験があるわけではありません。でもそれしかなかったのです。

当時の私たち夫婦はすがる思いと、大きな決意で行動し続けました。

そして現在・・・夫はサラリーマンを続けて以前と変わらぬ給料を稼ぎつつ、ママの私も社長になって月収40万円の収入を得られるようになっています。

つまり、おカネの入口が2つになって、収入が大きく増えたのです。

もちろん、起業前と変わらず子育ても両立しています。いえ、むしろ以前より子どもたちにかけられる「時間」と「おカネ」は増えています。

旅行やショッピングに行けるようになり、家族での楽しい思い出もたくさん増えました。

また、自由に使える「おカネ」が増えるごとに、生活費の不安は消え、続いて教育費、老後、介護・・・どんどん不安は少なくなっていきました。

もちろん、「おカネ」が全てではありません。

でも、「おカネ」があればたくさんの「安心」を買うことができるのです。私たち夫婦はそのことを実感していきました。

これも全て、あの時の決断のおかげだと思います。

そんな私たちが選んだ道をお伝えするのが本書です。

本来であれば、こうした本を書かれる著者さんは成功者が多いものです。

でも私たち夫婦は、成功の入口に辿り着いたばかりです。

たった今、リアルタイムで必死にビジネスを行っている最中。

簡単にいえば学びながら走っている真っ最中なのです。

ところが、こうした渦中にいるサラリーマン夫婦の成功（入口の）過程を面白いといっていただけるご縁があり、ありがたく出版させていただくことになりました。

せっかくの機会ですから、失敗も含めて包み隠さず、私たち夫婦の歩みを書き記したいと思います。


第1部では、「ママ（妻）が起業して社長になる」という考え方をお伝えします。

世の中の「おカネ」の出入りの秘密、社長になって得られるメリット、そのためには何をどうすべきなのか。「社長」になって何をすればいいのか？

そして、実際に私自身がどのようにして、そこにたどり着いたのかをお話します。


第2部はママの私が起業して行っているビジネス（事業）についてです。

たくさんあるビジネスのなかから、私たち夫婦は「不動産投資（不動産賃貸事業）」を選びました。

最近は、新築シェアハウスの破綻から、銀行の不正融資問題、欠陥アパート事件と、不祥事続きで融資も厳しくなり、ややネガティブな印象があります。

それでも、私たちは不動産投資を事業として行い、大きな魅力を感じています。

ママの私が大家さんになるまでの悪戦苦闘の日々、実際おこなっている初心者向けの3つの不動産投資のはじめ方を詳しくお伝えします。

本書は私たち夫婦と同じように、たくさんの不安を抱えるサラリーマン家庭の皆さまへ、「こんな道もあるよ」「こんな方法もあるよ」という提案を書き綴りました。

その根っこにあるのは「家族の幸せ」です。

「なるほど！　私たち夫婦でもできそうだ」

「ママ社長か、うちの妻にもお願いしてみようかな！」

そんな声が少しでも上がってきてくれたら、嬉しいです。

ぜひ、お読みいただき、皆さまのご家庭にも幸せの風を吹かせてください！

金子みき

目次

第2章　実録！　普通のママが「社長」になるまで

第3章　ママは3時間で「社長」になれる！

第7章 秘書大家さんの不動産投資術 ①ボロ戸建て投資

第8章　秘書大家さんの不動産投資術　②コインパーキング投資

第9章　秘書大家さんの不動産投資術　③アパート1棟投資

第10章 不動産投資を選んで成功した4人の「女性社長」さんたち！

第1部

ママが「社長」になると
おカネ持ちになれるの!?

第1章

ママが「社長」になると得することって？

第1章はママが社長になると、どのようなメリットがあるのか？

ママに社長になってもらって、収入を分散するとどれほどメリットがあるのか？

この考え方について解説させていただきます！

我が家も、サラリーマン一筋だった夫と会社勤めだった私でしたので、この考え方やそのメリットを知るまで「社長になる」なんてことは考えてもみませんでした。

「社長だなんて。私にはムリ・・・」「うちのママじゃ、ちょっと会社経営は無理だなー」「会社なんてつくって社長になったら、今度はいろいろ大変なんじゃないの??」

本章では、そんな少し前の私のように「社長」という役割に、疑問や不安を持っている方へ向けて「社長の魅力」についてもお話していきたいと思います。

1章の最後には、「ママだって社長になれるのね～」「うちのママにすぐ社長になってもらわないと！」・・・そんな気持ちにきっと変わっているはずです！

1 ママと一緒に働くと税金が安くなる！

日本という国は「税金」がおカネ持ちになることを邪魔しています。

皆さまのご家庭でも税金の支払いを考えると気持ちが暗くなりませんか？

一生懸命働いて稼いだおカネを手にすると、毎回必ず何割か国に支払わなくてはならないのです。

これってとても家計的に、もったいないと思いませんか？

毎日のお買い物の消費税から始まり、サラリーマン（勤め人）の方なら給料に対して、源泉徴収（所得税・保険・年金）に加え、住民税などで収入の約2～3割もの税金が、給料支給時で既に天引されています。

ご夫婦共働きならこれが約2倍になってきます。

さらに、マイホームをお持ちのご家庭は、毎年固定資産税の支払いもありますね。

また、頑張って成果を上げたり、役職を上げたり、資格をとって、所得（給料）を上げた場合も大変です。

今度は所得税の税率が上がり、税金をより多く支払う（天引きされる金額が増える）システム（累進課税）なのです。

こんなに税金を支払っていたら、いつまでたっても私たちのようなサラリーマン家庭は、おカネ持ちになれるはずがありません・・・。

もしも、給料の源泉徴収のうち1割でも安くなれば（節税できれば）？　ちょっとの節約どころではない、たくさんのおカネが生まれると思いませんか！

そんな「もしも」の話が・・・実はあったのです。

冒頭でご紹介しました『いますぐ妻を社長にしなさい』の著者である坂下仁さんは、税金のからくりに気がつきました。その結果、まずサラリーマン（夫）の自分一人でおカネ持ちを目指すのをあきらめたそうです。

つまり、「配偶者である奥様（妻）と二人で働いて」税金を減らすことを考えられた

夫婦で収入を分散する理由！

（1）収入を全て夫の所得にした場合

夫の収入

給与所得　５００万円
＋
副収入　５００万円
↓
計１０００万円の所得
↓
税率３３％
↓
税額３３０万円

奥さんの収入

所得０円
↓
税率０円
↓
税額０円
↓
夫婦では（夫のみ）
３３０万円の税金！

世帯では３３０万円の税額！

（2）夫婦で所得を分散した場合（副収入を奥さんの所得にした場合）

夫の収入

給与所得　５００万円
↓
税率３０％
↓
税額１５０万円

奥さんの収入

副収入　５００万円
↓
税率３０％
↓
税額１５０万円

世帯では３００万円の税額！

(1)と(2)では３０万円も税金が違う！

そうです。

なぜ、二人だと税金が減るのか？　これからご説明していきます。

たとえば、年間1000万円の収入を作った場合です。

A　夫一人で1000万円（給料500万円、副業500万円）稼いだ場合

年収500万円のサラリーマンであれば、給料から20％の所得税と10％の住民税で合計30％の税率となります。さらに、副業で稼いだ売上が500万円の場合、合計1000万円に対して税率が33％に上がります。

（夫一人で）1000万円×33％＝330万円の税金の支払い

B　夫婦で500万円ずつ、合計1000万円稼いだ場合（Aと重複の説明は省略）

（夫）500万円×30％＝150万円の税金の支払い

（妻）500万円×30％＝150万円の税金の支払い

合計　　300万円の税金の支払い

2

ママの会社を作ると、おカネがもっと増える！

まずこの時点で「年間30万円」も手残りするおカネが増えました！

これだけでも家計は大助かりです。

このように、一人で頑張って会社勤めの合間に副業して稼ぐより、奥さんと分散して働く方がおカネも残るのです。


さらに、坂下さんはこのアイデアを進化させられることに気がつきます。

経営者や経理の皆さんならご存知でしょうが、法人の場合、売上に対しての税率がサラリーマンより低く設定されています。

おおよそですが、法人税と住民税を合わせても21％の税率となるのです。

坂下さんは、これを夫婦間の売上（収入）に応用したのです。

その方法とは、奥様を社長にした「プライベートカンパニー」（法人）を設立して、これまでの副業にあたる「プライベートビジネス」（坂下さんご夫婦の場合は賃貸経営事業）をおこない売上を作ることでした。

これこそ、坂下さんが著書やセミナーで提唱する「妻社長メソッド」の基本的な考え方なのです。

※詳しい「妻社長メソッド」を学びたい方は、坂下仁さんの著書『いますぐ妻を社長にしなさい』（サンマーク出版）をご参照ください。

なぜ法人化すると税率が下がるのかを簡潔にご説明します。

そもそも、サラリーマンと法人の所得税の税率は違うのです。図をご覧になりながらお読みください。

同じ年収500万円を給料と法人で稼いだ場合です。

※あくまでも本書の図のモデルケースをもとにおおよそで試算しています。

・サラリーマン　税率（約）30％
・法人　税率（約）21％

このように、税金の支払いに関しては、スタート地点で法人の方がとても有利に設定されています。

さらに、法人の税金はその売上（利益）によって税率も変わってきます。

・黒字経営の法人　（約）21％
・赤字経営の法人　固定で（約）７万円

このように、赤字経営の方が税金の支払いが少なくて済むのです！

でも、赤字というと不安になりますよね？

そこで、元大手銀行員で、たくさんの法人の経営状況を見てこられた坂下さんに「赤字で大丈夫なんですかね・・・」とお聞きしたところ、実は日本の法人の７割以上は赤字だとお聞きしました（汗）。

「個人と法人の手元に残るおカネの違い！」

所得500万円のケース

（個人の場合は額面給料額、法人の場合は売上利益）

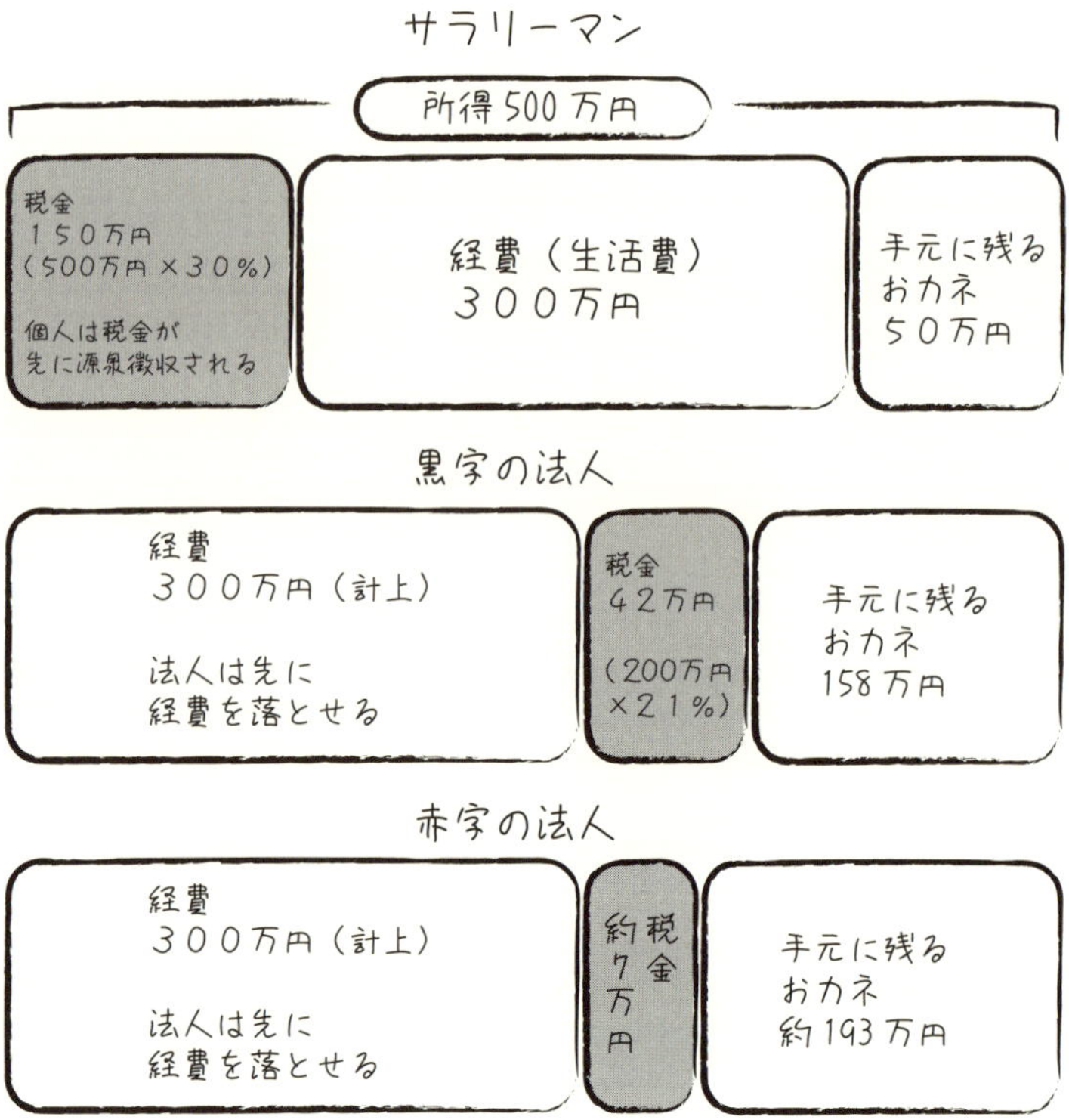

それでも毎年7割の法人が倒産していたら日本の経済は破綻してしまいますね。

つまり、赤字でも通常営業している会社がほとんどで、むしろ「赤字でもおカネを増やしている会社」があるのが日本の法人のシステムなのだそうです。

この「赤字でもおカネを増やしている」原因の多くは、「経費の使い方」にあるそうです。

そして、「経費の使い方」の仕組みを利用したのが、坂下さんの「妻社長」メソッドの優れた特徴のひとつなのです。

「プライベートカンパニー」を活用して「夫婦で収入を分散」したり、上手に「経費を使って利益を出さないようにコントロールすると、税金の支払いはどんどん少なくなっていきます。

すると、同じ稼ぎでも１００万円以上の手残りとなるおカネの差が生まれてくるということです。

夫がサラリーマン＋副業に一人で取り組んだり、二人とも会社勤めをするより、ママを社長にして二人で稼いだ方が圧倒的に節税効果も高いというわけです。

いかにママが社長になるのがお得なのか？　おわかりいただけたでしょうか。

３「プライベートカンパニー」をつくると、家計も大助かり！

「プライベートカンパニー」をつくることで、さらにメリットは生まれます。

特に私たちママにとってはとんでもないことが起こります！

まず、取引上の信用力が上がり、ビジネスを行うにあたり有利になります。

たとえば、個人事業主の社長と法人の社長では、ビジネスをする相手の目線が変わってくるでしょう。私も法人化した途端、名刺を出すと相手の方の対応が変わってきたのを目の前で感じました。

これはビジネスオーナーとして認められたということです。

プライベートカンパニーをつくり
家計と事業で支出を分担する！

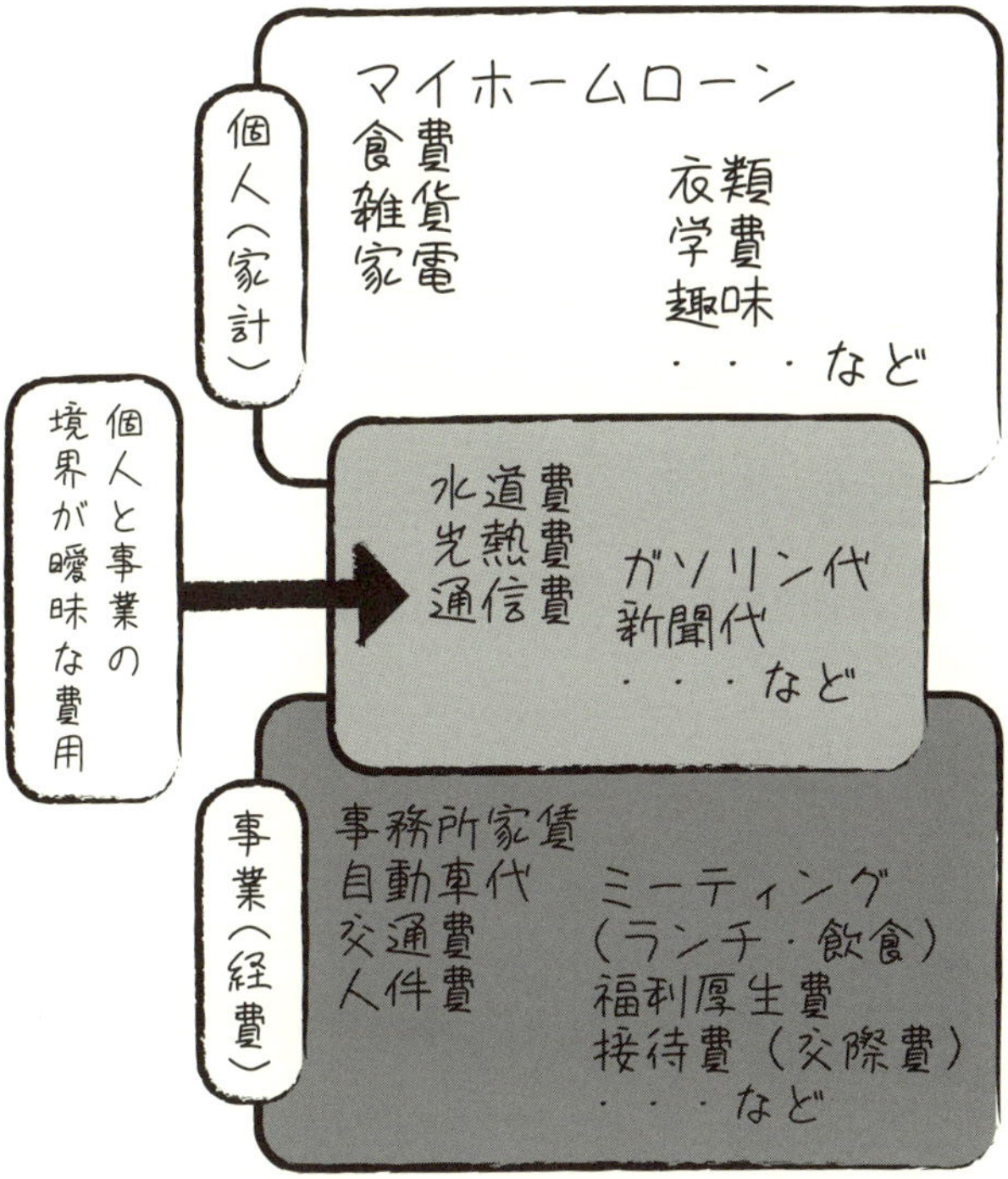

事実、私は銀行の事業資金の借り入れでそれを目の当たりにしました。また同じく「妻社長メソッド」を学ぶ友人の女性社長さんも、商品の仕入れ先での交渉の対応が全く変わってきたと言っていました。

このように、「プライベートカンパニー」をつくって、社長の肩書になった瞬間から、皆さんはもう以前の「普通のママ」扱いではないのです。

さらに、ママである私が「プライベートカンパニー」を作って一番感動した出来事。それは、家計の「様々な支出を経費」として計上できることです。

この図を見ると、いかに家計をやり繰りするママにメリットがあるか一目瞭然かと思います（ただし、経費計上は常識の範囲内でないと後々問題になります）。

我が家では、特に車のガソリン代、通信費（光通信、スマホ代）、勉強するための書籍や雑誌、業者さんとのランチミーティングなどを経費にできて大助かりです。

「でも、そんなに会社の売上のおカネを使ってしまって大丈夫なんですか？」

そう思われるかもしれませんが、それが大丈夫なのです。

先ほどの節税の項の「手元に残るおカネの比較」の図の通り、税金（ここでは所得税）は、売上からビジネスにかかわる必要経費を差し引いた残りの金額（売上利益）にかかってきます。

なるべく利益を抑えることもおカネ持ちになるためには必要な考え方なのです。

4 ママは社長に向いている！　男性も驚きの「主婦力」

さて、そうはいっても、普通の主婦からするとやはり敷居が高い「社長」という肩書。私も果たして自分に務まるのか心配でたまりませんでした。

そんな時、坂下さんに相談するとこうおっしゃいました。

「いやいや、むしろ女性の方が経営者（社長）に向いているビジネスもたくさんあるんですよ。うちの妻も賃貸経営では、私なんか足元に及ばないすごい経営者ですから（笑）。心配しないで、自分が向いているビジネスで社長になればいいんですよ！」

「なるほど！」と思いました。私は今まで「社長」という肩書をこれまでに在籍してきた会社のお偉い「社長」に重ねていたのです。

自分の好きなこと、趣味の延長、興味あること、やってみたかったことを題材にした会社を作ればいいのです。

また社長の私だけのプライベートカンパニーです。たくさんの社員の生活を守る責任も株主に対する成果も気にすることはないのです。

実は昔から好きなこと、やりたいことがいくつもありました。

でも、以前の私はそれを仕事にする勇気もきっかけもありませんでした。

ただ、今はそんなことはいっていられない状況です。決めたからにはやるしかないのです。私たち夫婦のために、子どもの未来のために。

そう思うと、不安よりそれに勝る「やる気」や今まで知らなかった「新しい世界」

「ママが社長に向いているわけ」
～「主婦力」は最強のビジネススキル～

コミュニケーション力

（おしゃべりが得意、生物学的に言語能力が高い
※バイリンガルは女性が多い）

巻き込み力

（初対面の方もすぐに仲間、
主婦間の不思議な共感力、相手を褒めることから始める）

共生力

（競争ではなく共存、
相手を尊重する、相手の得意分野をみつける）

時間割力

（家事（洗濯・掃除・買い物ほか）、仕事、育児、
夫婦、ママ友…全てをそつなくこなす）

ひらめき力

（主婦目線からの行動、価値観、
女性ファッション、インテリアからの視点）

節約力（エコマインド）

（家日々の家計、地道な貯蓄（へそくり）、
リサイクル、使えるものは使い切る精神）

への好奇心が上回っていきました。

さらに、坂下さんのセミナーで聞いた、たくさんの「主婦力」のいくつもが納得できて「社長」になることへの不安はなくなっていきました。

5 ママが社長になるのは簡単！

ママを社長にした「プライベートカンパニー」をつくり、夫婦で「プライベートビジネス」を行うことは、思っている以上に簡単です。

「シンプルに素敵な先輩を模倣する」

これだけです。

自分がやりたいと思うビジネスを見つけたらそのビジネスで、すでに成功を収めている素敵な先輩を見つけ、その先輩のやり方を徹底的に真似をする・・・それが成功への最短の道だと坂下さんもおっしゃっていました。

（第4章で詳しくご紹介しますが、私にとって素敵な先輩といえば、それは主婦大家なっちーこと舛添菜穂子さんであり、スッチー大家こと上原ちづるさんでした）

自分の行いたいビジネスを探す際に大切なのは、やりたいことが決まったら、そのビジネスの成功者に会いに行き、そのやり方を教わったり徹底的に研究するのです。

ただし守らなくてはいけない条件がいくつかあります（第4章で紹介しています）。

本来であれば、どんなに優れたサラリーマンの経験を持っていても、事業を立ち上げるということは非常に難しいことです。

坂下さんも「ゼロからの起業の成功率は10％程度」とおっしゃっていました。

しかし、本章の「妻社長」メソッドを駆使して、成功者から学ぶことで成功率は跳ね上がります。その証拠に、なんのビジネスの経験もない私でも、こうして無事成功への入口に辿り着けています！

次章では、そんな私の紆余曲折ながらいかにして社長になったのか？　をお話しします。

コラム

そもそも、おカネ持ちの正体って？

　私の師匠であり、ベストセラー『いますぐ妻を社長にしなさい』の著者である坂下仁さん。

　実は、元大手銀行に勤めていたお金のプロでありながら、かつて株式投資で大失敗をして、破産寸前までいった苦労人なのです。

　しかし、おカネの本質に気づき、奥様（妻）を社長にして起業し、「プライベートビジネス」を立ち上げることで人生が激変しました。

　なんと、大きな借金を5年で完全返済して、おカネに困らない幸せな生活を送ることができるようになったのです。

　そんなどん底から這い上がった坂下さんはこういいます。

「お金の正体とは、感謝の気持ちやお詫びの気持ちをわかりやすく『見える化』したものなんです！　ですので、人に感謝やお礼をされるほど、たくさんのお金が集まって来るのです」

　私は最初、なにを言われているのか理解できませんでした。

　おカネはおカネ。働いた分だけの一万円札や500円玉をいただけるものですから。でも坂下さんのその後の説明を聞いてわかってきました。

「たとえば、あなたが1万円を払うときのことを考えてください。それはあなたにとって、1万円の価値や満足感があるからお金を差し出すのですよね。つまり、商品であったりサービスに対しての感謝や御礼の気持ちということです。ですので、たくさんの人に感謝される人になれば、自然とおカネ持ちにもなっているのです!」

私はこのお話を聞いて大きなショックを受けました。

今まで私は成果を上げたり、ミスのないようにたくさん働けば、おカネがもっともらえるものだと信じて生きてきました。

しかし、その考えは根本的に間違っていたことに気づきます。

大切なことは、感謝されること=社会貢献なのです。そんな気持ちをもとに私たち夫婦は、自分たちの「プライベートビジネス」を探すことになりました。

第2章

実録！
普通のママが
「社長」になるまで

これまで長らく会社勤めをしていた私が、出産・育児をきっかけに働き方を見直すことになりました。

「正社員として働き続けたい」という強い思いもあったのですが、私は「社長」になることを決意したのです。そこに至る経緯をご紹介いたします。

1 時短勤務終了。定時までの仕事は難しい・・・私が選んだのは？

なぜ普通のママだった私が社長になろうと思ったのか？

しかも主人が社長ではなく、私が社長になる発想が生まれたのか。

それを説明する前に、4年前、私が長年勤めていた会社を辞めた話を聞いてください。


子どもが3歳になる半年前の２０１５年でした。

この年には、勤め先のママ向けの社内規定だった、時間短縮勤務が終了です。

さあ、いよいよどうするか？　決断しなければならない時期になりました。

でも、現状の業務では定刻の午後6時半まで勤務するのは極めて困難です。

定刻の勤務になれば帰宅は20時を過ぎてしまい、それから晩ご飯を作ってとなると、食べるのが21時を過ぎてしまいます。

育ち盛りの子どもに睡眠は大切ですし、母親の手作りごはんを食べさせてあげたい気持ちが強かったので、もう定刻まで勤務するのは無理だなと思いました。

仮にフルタイムに戻ったとすれば、責任のある仕事に就くケースもありますが、急な子どもの発熱や通院で休むと周りに迷惑をかけてしまいます。


会社を辞めるか？

契約社員になるか？

それともパート？

思い切ってアルバイト？


自分の気持ちの選択としては、やはり正社員で働くしか考えていませんでした。

「派遣社員だとクレジットカードすらつくれない」というのが、正社員にこだわるきっかけでしたが、なにより正社員と正社員以外では賃金格差が大きいのです。

また、一度でも女性が社会から離れると、正社員でなければ復帰するのが難しい現実もあります。

以前、派遣社員の方は、出産のために退社して再び復帰をしたくても、同じ会社に戻れなかったケースがありました。

でも、正社員であれば、育休後もすんなり同じ会社に戻ることができます。

常務にも「時間短縮勤務の終了後はどうしたらいいでしょうか？」と相談したところ、常務の案としては、アルバイトや契約社員として勤めるのはどうかという答えでした。

正社員として働くことにこだわっていた私としてはアルバイトはイヤでした。私自身の考え、夫の考え・・・いろいろ検討した結果、私は20年勤めたムラサキスポーツを退職して、もっと通いやすい職場を探す結論にいたりました。

同じフロアで働いている仲の良い社員の後押しもあり、次に「ステップアップするチャンス」と捉え、退職に対しての気持ちの踏ん切りがつきました。

そして当時、私が秘書をしていた副会長に「そろそろ時間短縮勤務が終了するので会社を辞めることになりそうです」とお伝えすると、事情を汲んで私の立場を尊重してくださりました。

しかし、ことは簡単に進まなかったのです。

2 20年務めた会社を退社。どん底の結末

２０１５年10月、足かけ20年、長年お世話になったムラサキスポーツをついに退社しました。

この会社で「社会」というものを長い年月をかけて教えていただきました。私はスポーツが好きな人に悪い人はいないと思っています。愛社精神という言葉も、この会社で学びました。

長く勤めている人が多いということは、それだけ会社の居心地が良いのでしょう。そんな素晴らしい会社で仕事ができたことは本当に幸せでした。とても感謝しています。

会社を辞めたらどうなるのか？　どうすればいいのか？　と不安でいっぱいでした。

もちろん、まだ小さな子どもたちの教育費もたくさんかかります。平均いくらくら

いか調べたところ、当時の文部科学省の調べでは以下のような試算がされていました。

保護者が支出した1年間・子供一人当たりの学習費総額（保護者が子供の学校教育及び学校外活動のために支出した経費の総額）は、公立幼稚園で23万4千円、私立幼稚園で48万2千円、公立小学校で32万2千円、私立小学校で152万8千円、公立中学校で47万9千円、私立中学校で132万7千円、公立高等学校（全日制）で45万1千円、私立高等学校（全日制）で104万円となった。

○文部科学省　平成28年度「子供の学習費調査」の結果について
http://www.mext.go.jp/b_menu/toukei/chousa03/gakushuuhi/kekka/k_detail/__icsFiles/afieldfile/2017/12/22/1399308_1.pdf

そこで、公立を中心にしたわが家の教育プランでは、いくら必要になってくるのか計算したところ、1人約32万円。もし、私立の学校に通いたいと子どもが言ったら公立の約5倍の費用がかかります。また、子どもの才能開花のために、習い事をたくさんさせてあげたいとも思っていました。

私は、食生活もとても重要だと思っていますので、食材はできるだけ無添加のものや、安全な産地のものにしたいです。当然、その値段は割高になっています。

また、自分たちの老後についても年金には頼れそうもありません。夫婦2人で老後の生活を送るうえで、必要な最低日常生活費は月額で平均22万円程度、ゆとりある老後生活費はさらに10万円程度必要と聞きました。

こういった、おカネが間違いなく必要だということ、その時点のわが家の収入では全く足りないこと。

私たち家族の未来が全く見えなくなり、体が震えるほど怖くなっていきました。

でも、家族の幸せのためにも・・・。私はその不安を払いのけて頑張らなくてはなりませんでした。

実は、次の職のアテはありました。私が退職する半年前、転職すべきか悩んでいるとき、タイミング良く通勤しやすい場所にあるユニクロの正社員募集がありました。

でも、意気込んで面接を受けた結果は・・・不採用でした。

頭の中では、私なりにキャリアを積んできたので大丈夫だろうと高を括っていただけにショックでした。

なぜ不採用になったのかを振り返ってみると、ユニクロには「子育てをしながら働きたい！」という声を反映して、子育て・生活支援プランという採用がありましたから、私に子どもがいることが不採用の理由ではなかったはずです。

やはり、学生時代の就職活動でも内定が決まらなかったのと同じで、面接のときに自分の長所や意気込みを明確に伝えられなかったのだと思います。

そういう、中途半端な内面を面接官の方は見逃さないのです。

しかし、「落ち込んでいても仕方がない！」そう自分に言い聞かせると、根拠のない自信がもりもり湧いてきました。家族にも「11月には絶対にユニクロの面接に落ちてよかった〜、そう思えるようにするから！」と宣言しました。

このときほど真剣に、「自分は何がしたいのか？　どうしたらいいのか？」を考えたことはありません。

正社員なら仕事は何でもいいのか？

ただ収入が多ければいいのか？
本当にアパレルで洋服をたたんだり、売ったりしたいのか？
そもそも自分が働く意味は何なのか？
自分はどうなりたいのか？

そのとき、素直に〝人の役に立ちたい〟と思えました。

3 自分のしたいことは何か

初めて社会人になったとき、「社会貢献」という言葉を学びましたが、その社会貢献をしたいと考えたのです。

とはいえ、家では子育て中心で、ゆっくりと今後のことを考える余裕もなく、会社に行く電車の中でいろいろと考えていました。

子育てを理由に会社を遅刻したくなかったので、少し早めに上野駅に着くようにして、構内の本屋さんへ何かヒントを探しに、毎日立ち寄っていました。

その本屋さんで平積みになっている、坂下仁さんの『いますぐ妻を社長にしなさい』（サンマーク出版）という本が目にとまったのです。

題名も気になったので、ちょっとページを開いてみると、「プライベートカンパニーは3時間もあれば、誰でもつくれます」と書いてあるので気になり、本当かな？　私も社長になれるのかな？　と疑いながらも興味を持ちました。

それでも1カ月くらいは本の表紙をチラッと横目で見ては、別の本を手にしたりと、何故だか購入まではとても慎重でした。

主人に「こんな本があるよ」と勧めると、「買ってみれば？」というので6月になってようやく購入しました。

プライベートカンパニーをつくって、妻が社長になり夫婦でビジネスを行う。それで節税をしながら、お金を稼いで裕福になるということが書いてありました。

さらに、その本には「大家業を選ぶのが無難である」ということ。それと「銀行が融資をしてくれるプライベートビジネスが大家業」ということで、不動産投資に興味を持ちました。

珍しく、いつもなら本を読まない習慣の主人まで読み耽り、「社長になること」「大家業」に興味を持ちはじめました（そんな主人も今では本をたくさん読んで勉強しています）。

4 「妻社長」になるため夫婦で受講

本に挟んであるチラシを見て、著者の坂下仁さんが主催する「妻社長入門セミナー」を知りました。

子どもがまだ5歳と3歳でしたので、私がセミナーに行くより、主人に行ってもらおうと申し込みましたが、あいにく満席で参加できませんでした。

次回の開催で優先的にご案内いただけるメールが来て、主人が参加できたのが2015

年の10月です。

そのセミナーで妻社長育成コースの2期生を募集しているので、主人から「参加してもいいか？」という確認のメールがあり、私はもちろん「一緒に参加しよう！」と返事をしました。

これまで、ほかのセミナーに参加するときも、主人か私のどちらかが参加するようにしていました。

主人は子どもを、義母や私の両親に見てもらうのは大変だから悪いと思い、それで夫婦のどちらかが子どもと一緒にいることを望みました。

ですが、妻社長育成コースだけは夫婦で参加して学びたいと強く思い、同居をしている義母と大宮に住む実家の両親にお世話を頼みました。2人いっしょに子守をしてもらうと、元気すぎて大変だからです。

「どうしても夫婦で参加したいセミナーがあり、これからの私たちの人生を大きく左右するかもしれない。4日だけ、子どもを見てほしい」とお願いしました。

セミナー中も「早く帰ってきてと泣いてるよ〜」と親から電話がかかってきたこともありました。

子どもに寂しい思いをさせている、後ろめたい気持ちにもなりました。

でも、このセミナーで私たち家族の将来が変わると信じ、後ろ髪をひかれる思いをしながら夫婦でセミナーに参加し続けました（このセミナーでの学びは3章でご紹介いたします）。

あのとき、無理を聞いてくれた義母と両親には本当に感謝しております。

おかげでその後、ママの私が合同会社を設立して「社長」となれたのです！

第3章

ママは3時間で「社長」になれる！

第3章では具体的にどのようにして会社を設立したのか。私の実体験に基づいて、その勉強法も含めてご紹介したいと思います。

実はママが「社長」になるためにかかる実作業はわずか3時間です。

また、それにかかるおカネはわずか7万円程度です。

実作業に移る前には勉強が必要ですが、あまり難しいことと考えないで、ぜひ夫婦でチャレンジしてみてください。

まずはママを社長にしないとおカネ持ちへの道はスタートしませんから。

1 ママが社長になるための勉強方法

創業塾に参加した後（コラム参照）、12月には坂下さんの「妻社長育成コース」に参加させていただきました。

4日間で、1日2講座、13時からの3時間と、16時からの3時間、その後に懇親会という、計8講座を受講しました。

マインドマップ・夢実現シートの作成・戸建て（講師はなっちーこと、舛添菜穂子さん！）・アパート・保険・会社設立・民泊・貯金について講義を受けました。

とくにセミナーで大変だったのが、本を読んで作成し持参した夢実現シートとは別に、講義中にもう一度夢実現シートを作成することでした。

夢実現シートとはその名のとおり、どのような夢を実現させたいのかを記入するシートです。

どんな夢なのかをイメージしたり、自分の思っていることを整理したりと、とにかく頭を使うので疲れます。まさしく生みの苦しみを味わうといった感じでした。

大変でしたが、坂下さんの「この夢実現シートに書いた通りになっている」というお言葉を聞くと、夢が膨らみました。

講義中はシェアタイムが必ずあり、グループで発表しあうため、学んだことが記憶に残りやすかったです。

そのグループでのシェアの後は「あなたはお金持ちだ！」の掛け声と共に「ハイテン（両手でのハイタッチ）」をします。最初は恥ずかしかったのですが、実はこの「ハイテン」が「決意」や「モチベーション」につながることを体験し、それからは楽しみながら声を出せるようになりました。

シェアタイムや自己紹介もあるので、お互いのことがわかり、和気あいあいとした雰囲気の中で行われたセミナーで、そこでの参加者は頑張っている同士といった感じでした。

懇親会では受講中に聞けなかった質問を講師にしたり、もっと詳しく聞きたいことなどを話していただけたりして、有意義な懇親会でした。

このセミナーでは実践しやすく教えていただけるのがとてもよかったです。

たとえば「保険の見直しを2年に1回はしたほうがいい」ということや、どのような保険に入ればいいかがわかり、私もすぐに見直しました。

2　株式会社より簡単な「合同会社」の作り方

セミナーに通いながら会社設立の準備も行っていました。

坂下さんの『いますぐ妻を社長にしなさい』と『とにかく妻を社長にしなさい』（共にサンマーク出版）に、会社は3時間で誰でも簡単に作れると書いてありました。

さらに、合同会社が株式会社よりも簡単に作れる上に、坂下さんの著書にも「プライベートカンパニーは合同会社にしなさい」と書いてありましたので、私も迷わず合同会社を選択しました。

夫婦で参加する坂下さんの妻社長育成コースには、『会社設立ひとりでできるもん』(https://www.hitodeki.com/)という、会社説立サポートのサービスサイト運営をされている園尾社長も登壇されると聞いていました。

ですので、あらかじめインターネットで会員登録をしておき、私の理解できる範囲で入力や必要なものを準備しておきました。

園尾社長の講義では、合同会社の注意点や、メリットとデメリットを教えていただきました。


【合同会社のメリット】
・一人でも設立可能
・法人格を持てる
・株式会社と同じ税制
・全員が有限責任社員

・任期がない
・決算公告の義務がない
・株式会社へ変更も可能
・設立費用が安い

【合同会社のデメリット】
・社長が代表社員となる
・社会的認知度が低い

このメリットやデメリットを聞いて、やはり合同会社で問題ないと判断しました。

定款の事業目的は、坂下さんの本には「国や都道府県の許認可が必要な事業（許認可事業）だけは絶対に書かないでください」と書いてありました。

不動産仲介業や古物商（アンティークショップ）のような事業です。

許認可証がなければプライベートカンパニーの預金口座が作れないからです。それらは避けて、定款は次の内容を入れました。

【定款の事業目的】
1　不動産賃貸業
2　不動産管理業
3　不動産コンサルティング業
4　上記各号に付帯する一切の事業

こうして、講座を受講しながら、私が社長（正確には代表社員）となるプライベートカンパニーをつくる準備を行いました。

3 わずか3時間、7万円でママから「社長」になれた方法！

そしてついに、２０１６年2月2日に会社を設立しました！

普通のママだたった私が「社長」に生まれ変わった日です。

かかった費用は約7万2000円だけ。
実作業として『会社設立ひとりでできるもん』の入力で1時間程度。
そのほか、夫と共に法務局に申請をしに行っただけです。
会社って本当に簡単に作れるのだなと驚きました。

【会社設立にかかった費用一覧】
・会社の代表者印（法人実印）・銀行印・社印（角印）　5880円（税込）
・CD－R代　410円（税込）
・ひとりでできるもん
システム手数料・電子定款（2160円＋3324円）　5484円
・電子定款作成の本人確認のための個人の印鑑証明　150円
・登録免許税　6万円

4 「プライベートカンパニー」設立時の注意点

ここまで私はどのようにプライベートカンパニーをつくったのか紹介しましたが、設立時の注意点もお伝えしておきます。

まず資本金は1000万円以内にすることです。

これは法人住民税の金額の基準が1000万円以下、1000万円超えで変わってくるからです。

法人住民税は法人登記をした自治体（都道府県や市区町村）へ支払う税金で、所得金額に関係なく一定に課せられる「均等割」と法人の所得によって決まる法人税によって決まる「法人税割」があります。

つまり、「均等割」その法人の利益がまったく無くてもかかってくる税金なのです。

この税額は、従業員50人以下で資本金1000万円以下の場合は7万円という最低額ですみます。

私たち夫婦は初年度の利益の目標額として、資本金を200万円に設定しました。

さらにいえば、家族で行うプライベートビジネスについては、夫婦ともに学べて、妻が主導して行えるビジネスであることが大切です（詳しくは第4章で解説しています）。

1章でご説明した通り、同じ金額を稼ぎ出した場合、夫婦間の合計税率が下がるため、より大きなおカネが手元に残ることになるからです。

コラム

社長になるまでの学び　番外編（創業塾に参加）

私は、坂下さんの妻社長育成コースに参加する少し前・・・2015年の夏から秋、会社設立前に、地元の商工会が開催する創業塾にも参加していました。

新聞広告の折込みで募集チラシが入っており興味を持ちました。受講費は1開催日あたり1000円で開催日ごとに当日支払いました。懇親会も軽食と飲み物（お茶やジュース）で500円とリーズナブルでした。

参加者は男性が13人と女性7人、そのうち、すでに創業している方が3人いました。

講座の中で「マーケティングを学んで売れる仕組みをつくる」という内容がありましたので、創業していても再度、学びたい内容の講座や興味のある講座があれば受けることができたので参加していたのだと思います。

目指す職種も、カイロプラクティック・宝石・運転代行・音響・コーヒー豆屋・農業・飲食・着物リメイク・デイサービスとそれぞれバラエティに富んでいました。

みなさん、とても意欲的で「私も頑張ろう！」とやる気が底上げされました。

月に2回程度の講座が5日間で、13～18時までみっちりと学びました。私が受講した創業塾はありがたいことにすべて日曜日の開催で、会社は休むことなく主人に協力してもらい、（子どもをみてもらい）参加することができました。

その内容とは以下になります。

【創業塾のプログラム】

1日目　オリエンテーション、いろいろある創業の形、創業手続きについて
2日目　創業プランの検討、資金調達について
3日目　マーケティングを学んで売れる仕組みをつくる（1）
4日目　マーケティングを学んで売れる仕組みをつくる（2）
5日目　創業計画のまとめ、経営者になるための基礎知識、支援機関の活用

そこで「自分はどうして創業するのか？」という理由を発表する時間がありました。人前で話すのは苦手ですが、みんなの前で発言しました。

長く務めた会社を辞めるのであれば、やりたくない仕事をするのではなく、人から感謝される仕事をしたい、何か社会貢献をしたい。それは何だろうと考えたとき、古家をリフォームして子育て世代のママさんに良心価格で提供することでした。

これは同時に「空き家」という社会問題の解決にとっても役立つのではないかと考え、それで「大家さんになる！」と発表しました（空き家については第4章で詳しく解説しています）。

同じ志を抱く人たちの前で宣言することにより、私の創業する意思がより固まりました。

第1部総括（まとめ）

ベストセラー『いますぐ妻を社長にしなさい』著者

坂下 仁 氏 &

「ママ社長」**古川美羽**（元レースクイーン大家）氏 &

本書著者 **金子みき** の

『いますぐママを社長にしなさい！』特別座談会♪

【対談者プロフィール】

●坂下 仁 氏

三大メガバンクの1つであるM銀行に勤務していた元銀行員。20年以上にわたり「お金のプロ」として、数百に及ぶ企業へのコンサルティング・財務指導・融資・個人顧客へのアドバイスなどを手がけ、プライベートでは社会貢献の一環として、サラリーマンが裕福になるための啓蒙活動に取り組んでいる。著者に『いますぐ妻を社長にしなさい』ほか多数。

●古川 美羽 氏（元レースクイーン大家）

兵庫県神戸市出身。夫と2歳の子供の3人家族。約4年前から不動産投資をスタートし、所有物件はアパート1棟、アメリカ不動産、フィリピン区分、イギリス（ケアホーム）。現在は子育てをしながら大家業の他に「お金のソムリエ協会」の講師としても活躍中。著書に『子育てママがおうちにいながら年収1000万円稼ぐ投資術』（セルバ出版）がある。

●金子みき（秘書大家）本書著者

◯「妻社長メソッド」とは・・・

金子　ご存知ない読者の皆さんのために坂下さんが提案する、妻が社長になってビジネスをする「妻社長メソッド」についてご説明いただけますでしょうか。

坂下　一番わかりやすいのは、サラリーマンをしながら自分だけで副業する。これが一般的なパターンです。ところが、本業をやりながら副業するのは時間もないし大変。なによりも副業禁止の会社やお役所が多い中で、全て自分一人でやるのはリスクが大きいです。

最近、副業禁止規定のない会社も増えてはいますが、まだまだ少数派です。副業がバレてクビにはならなくても、降格されたり周りから白い目で見られる可能性もあります。

収入を増やしたくて副業をはじめたのに、肝心の本業が働きにくくなって減給されてしまうなんて本末転倒です。

古川　その通りですね。

坂下　結果として、家族に迷惑をかけてしま

う可能性があるわけです。そうであれば、自分一人で行うのではなく、家族の協力を得て一緒に副業したほうが、自分はおろか妻も子どもも嬉しい結果になります。基本はそういう発想からきていますね。

金子　それで「妻が社長になる」というモデルパターンなのですね。

坂下　ええ。でも、社長になるのは、必ずしも妻でなくてもいいんですよ。たとえ共働きでも、そのご夫婦には親が4人います。

　大きなお子さんがいれば、お子さんでもいい。そのうち1人でも副業禁止に関係のない人、専業主婦やリタイアしている人がいれば、その人を社長にしてもいいでしょう。結婚されていない方なら、ご両親のほか、ご兄弟でもいいですし。

　とにかく家族の中に、手伝ってくれる人を見つけて巻き込んでいく・・・。これが、もっとも安定感がある方法だと考えます。

　安定感を求めるのは、かつて私が銀行員だったことが大きいですね。ご承知のように銀行はお堅い社会です。ちょっと変なことをすると、すぐに指摘されるリスクがあるため決して隙をつくってはいけません。そう考えた場合に、「自分自身は一切副業をしていませんよ」という大義名分がほしかったのです。

古川　大義名分ですか・・・。たしかにこの方法だと可能ですね。

坂下　はい。その大義名分の形さえ作ってしまえば、対外的に防衛ラインができます。それに形ができると、いつの間にか家族も巻き込まれてやってくれます。慣れてくれば普通に家事を分担するようにやってくれます。それが「楽しい！」「生き生きする！」と気づく人も多いのは、私自身の経験でもありました。

そうやって妻をはじめとする家族を社長にして、プライベートカンパニーを作り、副業をしていくのです。それが「妻社長メソッド」の基本です。

○主導するのは、男性と女性どっちが多い？

金子　いくつか質問をしたかったのですが、基本的には配偶者を巻き込んでやっていくことになります。この際に主導するのは、男性と女性でどちらが多いのでしょうか？

古川　ご主人から自主的に副業がしたくて、そのために妻に手伝ってもらいたいパターンや、逆に妻が将来の教育費や家計が心配だから、いろいろ調べて副業をスタートさせたいと思っているパターンがありますよね。

坂下　もともと一作目の『いますぐ妻を社長にしなさい』（サンマーク出版）は男性読者を想定して書いてあるので、読者は男性６割に対して女性が４割くらいだったのです。ところが私のホームページに訪れる人の割合でいうとほぼ男女半々です。ということは男女とも関心を持っていらっしゃる気がしますね。

実際に今のメンバーで一緒に活動しているコミュニティがありますけれど、そのメンバーの構成もセミナーの受講生の構成も、男女比は半々に近いです。だからどちらのパターンもあります。妻が本を読んでご主人の書斎にそっと置いておく人もいらっしゃいますし、その逆パターンもありますね。

金子　ちなみに古川さんはどちらだったのですか？

古川　最初に私が本を見つけ、ピンときて夫を誘ったパターンです。

金子　私も同じです（笑）。普段から先々の細かいことを考えているのは女性に多いイメージで、将来を心配した妻が夫を口説き落とす・・・みたいなケースも多いように感じます。

坂下　はい。むしろ、そのパターンのほうが上手くいく可能性は高いかもしれないですね。何もしたがらない妻を巻き込んでやっていくのは大変でしょうから。でも、いざ動くとなれば女性のほうが熱量が高いですよ。

金子　夫が副業したいと思って、妻に「一緒にがんばろう！」と誘っても、なかなか動かないかも・・・。でも、妻なら夫を上手に操れる気がします（笑）。

坂下　奥様にやる気のあるご夫婦は、圧倒的にスピードも速いと思いますよ。そもそも家庭で何かを決めようとしたとき、決裁権が妻にある夫婦も多いからでしょう。

古川　妻に決定権があるご夫婦のほうが、とんとん拍子で進んでいくのでしょうね。

坂下　専門家でもないので詳しくありません

が、世界中の大学の研究データを見る限り、ほとんどの能力は男性より女性のほうが勝っています。

　男性の能力が高いのは空間把握能力と腕力で、あとは不安を感じない鈍感力。だから責任を取るのは男性が向いていますね。反して女性は責任を取るのが苦手です。しかし、実務能力は圧倒的に女性のほうが高い。

　かつて私の勤めていた銀行の職場でも、実務を仕切っているのは女性でした。その女性が失敗をしたとき、責任を取って対応するのが男性の役割です。だから管理職は男性が多いようになっている。そういう実務上の能力の高さを活かせるのが、実はこの「妻社長メソッド」の特徴です。もしも妻が何かで困ったとき、ご主人が一緒に考えてフォローする役割を・・・要は責任を取ることによりバランスが取れます。

　世間では男性が仕事をして妻が専業主婦、もしくはパートというパターンが多いと思うので、まさにご主人は実務的に働かないで済みます。お互いの役割分担として上手くハマると思っています。そう考えると、どうして日本でそれが今まであまりなかったのか不思議なくらい、私は違和感を感じています。

金子　たしかにそうですよね。実際にやるときには、むしろ専業主婦のほうが圧倒的に有利で、逆に共働きの人だと不利ですか？

坂下　共働きだと役割分担ですね。とりわけ共働きで子どもがいる場合は相当に上手にやらないと。まだ子どもが小さい場合には、ご両親を巻き込むなり何かしていかないと大変だと思います。
　私の場合は子どもがおりませんけれど、家計が破綻しかけていたという、ちょっと特殊な事情でしたので、うちの妻も普通に働かざるを得なくなりました。それで私の親兄弟を巻き込んでやっていった背景がありました。

妻社長メソッドを行う場合は、とにかく家族で時間がある人を巻き込むのがコツです。

古川　妻が正社員で、その会社にも副業規定があれば社長になれない。その場合は親であったり、副業禁止の勤め先でない自分のきょうだいや子どもが大きければ、子どもが社長になれば良いのですね。

坂下　全ての仕事に当てはまるのですが、やはり人を形成するのは立場や役割や役職、それと責任感です。役職を与えると人はがんばるものです。

うちの母にも「掃除をする」という役割を与えたらすごく喜んで、「退去した部屋の掃除をして、そこにワックスがけをするのが自分の使命よ！」と一生懸命に働いていています。このように人は役割を与えて期待されるとがんばる。家族全員でやっていくことにより、「絆」が深まっていく副次効果も生まれます。

金子　それは、すごく良いですね！

○数字が苦手でもできる！

金子　決算書など難しそうで、そこに対して躊躇するケースが多くありませんか？

坂下　家計簿をつける発想で大丈夫です。いくら入ってきて、いくら出ていくのかという、足し算引き算の世界です。「法人や決算」と聞くと、財務諸表であると深刻に考えてしまいがちですが、この財務諸表とは税金を取るための仕組みです。ですからそんなもの覚えなくてもいいと思っています。

要は「入ってくるお金のほうが、出るお金より大きければいい」だけ。そこさえ理解できれば問題ありません。あとは税金を取られる仕組みである財務諸表をどうするか？　これを解決すればいい。

最も簡単なのは税理士さんに任せてしまうこと。それにお金をかけるのが惜しいなら会計ソフトを使う。「でもパソコンが苦手だからできない」という方でも、単純に数字を入力するだけで、パソコンの不得手とは関係ありません。エクセルのように表計算の数式を入れることもしなくていい。スマホを使える人なら誰にでもできますよ。

金子　私は数字がとても苦手なのですが、「フリー」という会計ソフトを使っています。レシートを写メで撮って、それを読み取って数字を出してくれるんですよ。それをチェックして不自然なら訂正するだけですね。１カ月に１日の３時間ほど、それを年間で12回やっています。

古川　私は物件の量も多いから税理士さんに依頼しています。ただし帳簿への入力だけは自分でやっています。会計士さんが使っているソフトを借りて、そこに入力して最後のチェックを税理士さんにお願いしていますね。領収書を入力するくらいなので週に１回で１時間もかかりません。これは私のように会社勤めの経験が少ない人にもできますよ。

金子　意外に皆さん苦しんでいないようですね。専門的な知識がなくても、会社で経理の経験がなくても問題ないことがわかりました。

○法人をつくるタイミング

金子　法人をつくるタイミングというのも悩

ましいところです。

坂下　不動産投資ではなくて一般的なビジネスであれば、最初は個人事業もいいでしょう。どれだけ本業の年収があるかによって違ってくるのですが、妻がやる前提でいくと、扶養家族から外れるくらいに稼いでしまうと厄介なところもあるため、そのタイミングで法人を作ったほうがいいでしょう。

金子　一般的なビジネスであれば個人事業でスタートし、妻が扶養家族になるまでは個人でやって、事業が軌道に乗ってきたら法人ですね。

坂下　はい。税金上は売上がもっと多いほうがいいのですが、1回扶養家族から外れて健康保険や年金を払いはじめると、会社側が「もうあの人は稼いでいるな」と判断し、また元に戻すのが大変です。

あえてそのような危険を冒す必要はない。どうせやるなら、どんどんビジネスの規模を大きくするはずです。「100万円でやめた！」と思わないはずなので、早めに法人をつくったほうが良いという判断です。これは個人的な感覚ですが。

これが一般的なビジネスでの法人をつくるタイミングですが、不動産投資では考えが変わります。

不動産投資では多くの場合、1棟買って終わりとなりません。2棟目、3棟目を考えるケースが多いので、そうなった場合に最初の1棟目だけ個人で買ってしまうと、2棟目を法人で買ってもあまり意味がない。最初から法人で持っていなければ効果が出ないのです。

それならば、最初から法人で持ったほうが良いでしょう。普通は目先のことを考えて個人でスタートするのですが、そうではなく5年後、10年後を見ていかなければ。その先を考えたら、最初から法人のほうがいいという発想です。税制面の効果は後から出てきますから。

○興味をもったらチャレンジを！

金子 最後に読者さんに向けたコメントをお願いいします。

坂下 考えるだけでは何も変わりません。せっかく本を読まれ、「このような世界があるんだ！」と気づかれたのなら、ちょっと覗いてみる行動をしてもいいと思います。

いきなり「不動産買え！」という意味ではなく、まずはどんな人が何をやっていて、皆さんどのような経験をされているのか？ ほかの人のやっていることを見に行く。

そうすると何となく「ああ、そのようにできるんだ！」「こんなことができるんだ！」「こんな人でもできるんだ！」「それなら自分のほうがよっぽどできるぞ！」という気づきがあります。まず誰かがやっているのを実際に見たり聞いたりして、触れてみることからスタートするのが一番いいと思います。

金子 古川さんは先輩大家さんの活動を見た

り、お話を聞きに行かれたのですか？

古川　最初は坂下さんのセミナーに講師として来られた先生の話を聞いて、あとは投資家の集まりや勉強会にも行き、いろんな先輩からアドバイスをいただきました。

小額からできるものがあることを知ったので、勉強会でいろんな方の話を聞いて「あ、これくらいの金額なら私にも挑戦できそう！」と自信が持ててスタートできました。

金子　ちなみにどれくらいの金額でしたか？

古川　数百万円の規模です。

金子　最初から不動産と決めていたのですか？

古川　はい。面白そうだなと興味を抱きました。先ほどの話にもあったのですが、投資の本を読んで興味があっても「怖いな」「どうしよう」と迷って、そのまま本だけ読んで終わる人も多いと思います。

でも、本当に小さいものでも試してみたら「意外とこの投資は自分に合っているかも！」「すごい、これ面白いからどんどんやってみようかな！」とマインドが変わり壁を乗り越えられると思います。

私も普通の主婦をやっていたのですが、そんな自分が会社の代表になることに挑戦をし、小ぶりでも不動産を買って活動することにより、いろんな人とも出会え、世界も広がる。それと「自立」という意味でも、夫１人に頼っている状態であれば、いつ何が起きるか分からない。それが病気でもリストラにせよ共倒れしてしまう。

でも、自分がいろんなことに挑戦して収入も得られることは、家族のためだけでなく、自分のためにもリスクを軽減できます。何か挑戦して自分の世界をもって、自分の仕事を持つのはいいことではないかと思いました。

金子　ありがとうございます。本当にリストラや病気はいつ身に降りかかるかわかりませんものね。そんな話は頻繁に聞きますし、「自分だけは起こらない！」なんて絶対ありえないわけですから。

古川　その通りです。実際我が家は、夫の勤め先が不祥事でリストラや減給がありました。いつ何が起こるかわからないので備えておくことが大切ですよね。

金子　私も将来への不安からはじめました。今まで「働くのが当たり前！」という感覚でしたし、「夫に頼ってばかりはいられない」という気持ちがありました。なにより20年間フルタイムでずっと働いていましたから、止まったらどうしたらいいか分からなくなってしまうし、専業主婦で家にいて安心という気持ちも持てなかったのです。

なにより今まで共働きで２本の収入の柱があったのに、急に１本だけの柱になってしまうわけでその恐怖感もありました。

それが実際に社長になったことによって、それらの不安から解放されました。何をやるかによっても変わると思うのですが、不動産投資はものすごくラクでもないし、かといってまったく歯がたたないほど大変でもなくて、私自身、学びながら実践してすごく楽しいです。自分たちの人生を自分たちの手でつくりあげている感覚があり、やりがいも感じます。

だからもし興味をお持ちになりましたら、

なるべく行動に移すのがいいと思います。予備知識をあまり頭に叩き入れずに飛び込んだほうが上手くいくケースもありますよね？

坂下　そのほうが早いですね！　まずは行動したほうがスピードも速いし、適応力を見る点においても、それこそ小さいところからスタートすればいいと思います。

古川　合う・合わないもありますしね。がっちり型にハメてしまうと苦しくなるから「ダメならほかに見つければいい」くらいの気持ちでやったほうがいいですね。

金子　その通りですね。本日はありがとうございました！

第2部

私の「プライベートビジネス」
なぜ「不動産投資」を
選んだのか？

第4章

秘書大家さん、誕生しました！

会社を辞めて社長になった私ですが、具体的にどんなビジネスを進めたらいいかを考えたときにたどり着いたのは「不動産投資」でした。

不動産投資は簡単に言えば、戸建てやアパートなどを購入して人に貸して家賃を得ます。つまり、大家さんになって家賃という利益を得るビジネスです。

1 「プライベートビジネス」って何をしたらいいの？

坂下さんのセミナーで「妻社長メソッド」を学んだ私は、家族みんなで幸せになるために、さっそく社長になるべく行動を開始しました。

会社は簡単につくれたので、今度はプライベートビジネスの立ち上げです。どんなビジネスが向いているのか。その条件と私の選んだビジネスについて解説します。

坂下さんの著書では、妻が社長を務めるプライベートカンパニーで取り組む副業のことを「プライベートビジネス」と紹介しています。

具体的にどのようなビジネスを行えばいいのでしょうか。

それについては妻が中心となって行える、かつ夫婦で協力しながらできるビジネスという定義がされています。

【坂下さんが提唱するプライベートビジネスの条件】

1　小さな金額から始められること
2　利他的なビジネスであること
3　簡単に学べて再現性があり片手間で手軽にできること
4　家事の合間にできて無理なく続けられること
5　他人任せにしないで妻がコントロールできること

この5つの条件を満たすビジネスであれば、何でもいいとのことでした。

詳細な解説は坂下さんの書籍をお読みいただきたいのですが、私なりに要点をまとめるとすれば、次のビジネスだと思います。

・少ない元手ではじめられるビジネスであること
・人に喜んでもらえる社会に貢献できるビジネスであること
・妻である女性が興味を持てるビジネスであること
・夫婦で共に学べ、夫婦で実践できるビジネスであること

・妻が家庭と両立できるビジネスであること

とくに最後の項目が重要だと思います。

子育てや家事など妻は意外に忙しいものです。「妻社長メソッド」では、妻は仕事を持っていないことが前提ではありますが、主婦であってもそこまで時間に余裕はありません。

つまり家庭を中心に置きながら、両立できるビジネスでないと難しいということです。そのため、できるだけ費やす時間が少ないことが大切なのです。

2 まず「輸入ビジネス」を検討

実は、不動産投資を始める前に、いくつかのビジネスを検討しました。

たとえば、海外から洋服を個人輸入して行う販売ビジネスです。

私の知っている方に、女性用の下着や水着の輸入販売している人がいます。話を聞いたときに面白いなと感じました。

というのも、今は1年を通して水着の需要があります。海外リゾートへ遊びに行ったり、室内プールもあるからです。


それに反してデパートの水着売り場は夏しかありません。スポーツ向けの水着は年中売っていますが、リゾート向けは期間限定であることが多いのです。

しかも、デパートで販売している水着は若者向けのデザインが多く、あとは年配向けとなり、ちょうど30～40代の、まだおしゃれをしたい女性向けの水着は種類が少ないです。


30～40代の女性に水着の需要があるのか・・・そんな風に思われるかもしれませんが、この年代は子育て世代が多く、子どもに付き合って海やプールに出かけることが頻繁にはなくても年に何回か必ずあります。

こうしたニッチではあるけれど、必ず需要があるところに目を向けて、水着を企画して輸入しており、Amazonなどインターネットショップを通じて販売しています。

聞いてみると、夏だけでなく春休み、GWなど季節を問わずに売れているそうです。

大きめのサイズを充実させたり、ウエストラインを隠せるタンクトップやラッシュガード付き、足が太いコンプレックスが隠せるようなパレオやスカートが付いている水着など、この年代の需要を捉えて成功していたのです。

そのようなビジネスがあるのを知って、私もお洋服が好きだからやってみたいと思ったのですが、実際にやるとなるとハードルを感じて、違うビジネスをもう一度考えることにしました。

その後しばらくして、プライベートビジネスの全ての条件に該当しつつ、私もやってみたいと思ったビジネス=不動産投資に出会うのです。

3 不動産投資に目覚める!

2015年の夏のことです。

坂下さんの著書で不動産投資を知った私は、興味がわき勉強を開始していました。

インターネットで不動産投資について調べていたときに見つけたのが、「主婦大家なっちー」こと舛添菜穂子さんのブログです。

私と同じ主婦という立場なのに、不動産投資で成功されている方です。

ご主人の力を一切借りず、独身時代コツコツ貯めた資金を使って、戸建てや団地を購入して安定的な家賃収入を得ています。


なっちーさんのすごいところは、ＤＩＹや自主管理をしたり、そのすべてを自分の力で行っていることです。

不動産投資だけでなくライフスタイルも魅力的でファンになりました。

クルーズのランチ会にも行ってみたい、いつか本物のなっちーさんに会ってみたいと想いが増すばかり。

調べてみると『〈最新版〉パート主婦、〝戸建て大家さん〟はじめました！　～貯金３００万円、融資なし、初心者でもできる「毎月20万円の副収入」づくり～』（ごま書房新社）という本を出していること知って、さっそく本屋さんへ買いに行くことにしました。

そこの本屋さんにはなっちーさんの本と同じ棚に「スッチー大家」こと上原ちづるさんの著書『コインパーキングで年１２００万円儲ける方法』（ダイヤモンド社）がありました。

なっちーさんの戸建て投資についてはブログで読んで多少の知識がありましたが、コインパーキングはまったくの初耳で「コインパーキングで１２００万円を儲ける方法？　そんなことは可能なのか？」と興味を持ち一緒に購入しました。

そのように、何かに取り憑かれたように不動産投資の勉強をしていました。

４　「古家」に興味を持って、「古家」を勉強する

スッチーさんの本には、「土地選び・融資・業者選びまでコインパーキングをはじめるポイントはここ！」の章で、「古家付き土地」というキーワードで検索するといいと書いてありました。

私には「コカ？」なのか「フルヤ？」なのか、読み方すらわかりません。ネットで

「古家」という言葉はどう読むのか調べてみました。

古家は「ふるいえ」「ふるや」と読みます。「古家付き土地」の場合は「ふるや」です。

いろいろ検索していると、たまたま古家に関して3日後にセミナーがあるというページに目がいき、参加の申し込みをしました。

古家をリフォームして貸すセミナーです。講義後にビフォー、アフターの物件を実際に見せてもらえる見学会にも参加しました。

また、このときに日本全国に空き家が増えて社会問題になっていることも知り、これからの私にとっても他人事ではないように感じました。

5 戸建て投資をしようと思ったのはご近所からのクレーム

ちょうど不動産投資の勉強をはじめたころ、マンションの回覧板で次のような注意喚起がありました。

「子どもの足音やジャンプする音、ホールでの大きな声、上階から下に話す声など、お心あたりがある方はご注意ください」

読んだ瞬間「これは我が家のことだ！」と身震いしました。

その当時の子どもたちは元気がありすぎて、家中を走り回ったり椅子からジャンプして、「下の人に迷惑をかけているのでは？」と気になっていたので、もう我が家のことだとしか思えなかったのです。

私は子どもがバタバタと走るたびに「シーッ、静かにしなさい！」と叱りつけていたのです。そして、いつも足音を気にして生活をしなくてはならなくなり、ストレスを感じていました。

子どもが元気に成長していくのは嬉しい反面、うるさい足音が気になり住みづらくなっていました。

ママ友もマンションの騒音ストレスが原因で戸建てに引越しすると聞き、どこの家庭にも問題があると痛感しました。

そんなことから、私自身も戸建て賃貸を探すようになっていました。

買うか借りるか迷うところですが、世の中には事情があってマイホームを買えない方もいるはずです。

そこで「広めの戸建てを借りたいファミリー需要」があるだろうと考えました。

私のようなアパートやマンションに住んでいて、足音や騒音に悩んでいる子育て世代の人に戸建を貸すことができれば解決できる、人の役に立つことができるのではないか？

不動産投資には様々な手法がありますが、私は古くて使わなくなった戸建てを安く買って、ファミリーに貸し出すことにしたのです。

家族であれば転勤族でもない限り、ずっと同じ場所に住むでしょうし、最終的には入居者ファミリーに物件を買ってもらうこともできるだろうと考えました。

そこで私は購入物件を「戸建て」に狙いを定めて探すようになったのです。

ちなみに我が家の騒音問題がどうなったかといえば、未だ同じマンションに住んでいます。

どのように落ち着いたのかというと、下の階に住んでいる人が、私の子どもたちにプレゼントをくださったのです。

本当はお孫さんのために買ったオモチャですが、どうやら気に入られなかったということで、我が家まで「息子さんたちにいかがですか？」と持って来てくれたのです。そのオモチャは音が出るタイプのものでしたから、我が家をうるさく思っているのであれば、くださることはないだろうと考えました。

後日、お礼の菓子折りを持参したとき、「いつもうるさくして申し訳ないです」と頭を下げたところ、「大丈夫ですよ」と言っていただけました。このような経緯があり、回覧板の注意が我が家への指摘ではないのだとホッと安心しました。

周りをよく見回すと、ほかにも小さいお子さんたちが住んでいることに気づきました。思い込みで周りが見えずストレスになっていましたが、下の階に住んでいる方と仲良くできてよかったです。

6 空き家は増える！　820万件のデータから確信

我が家の騒音問題から戸建て賃貸について調べており、空き家問題についても知るようになりました。

ちょっと古い情報ですが、2013年に総務省統計局から発表された「平成25年住宅・土地統計調査　調査の結果」では、総住宅数が6063万戸あり、そのうち820万戸が空き家であることが判明しています。

発表されたのが2014年で一時期は盛んにニュースで取り上げられていたことを思い出しました。総住宅数に占める割合で見ると、空き家率は13・5％にも上っており、空き家数及び空き家率ともに過去最高だったといいます。

また820万戸の内訳は「賃貸用の住宅」が429万戸で空き家全体の52・4％を占めて「売却用の住宅」が31万戸（3・8％）、別荘などの「二次的住宅」が41万戸

図　空き家の推移

空き家数及び空き家率の推移－全国（昭和38年～平成25年）

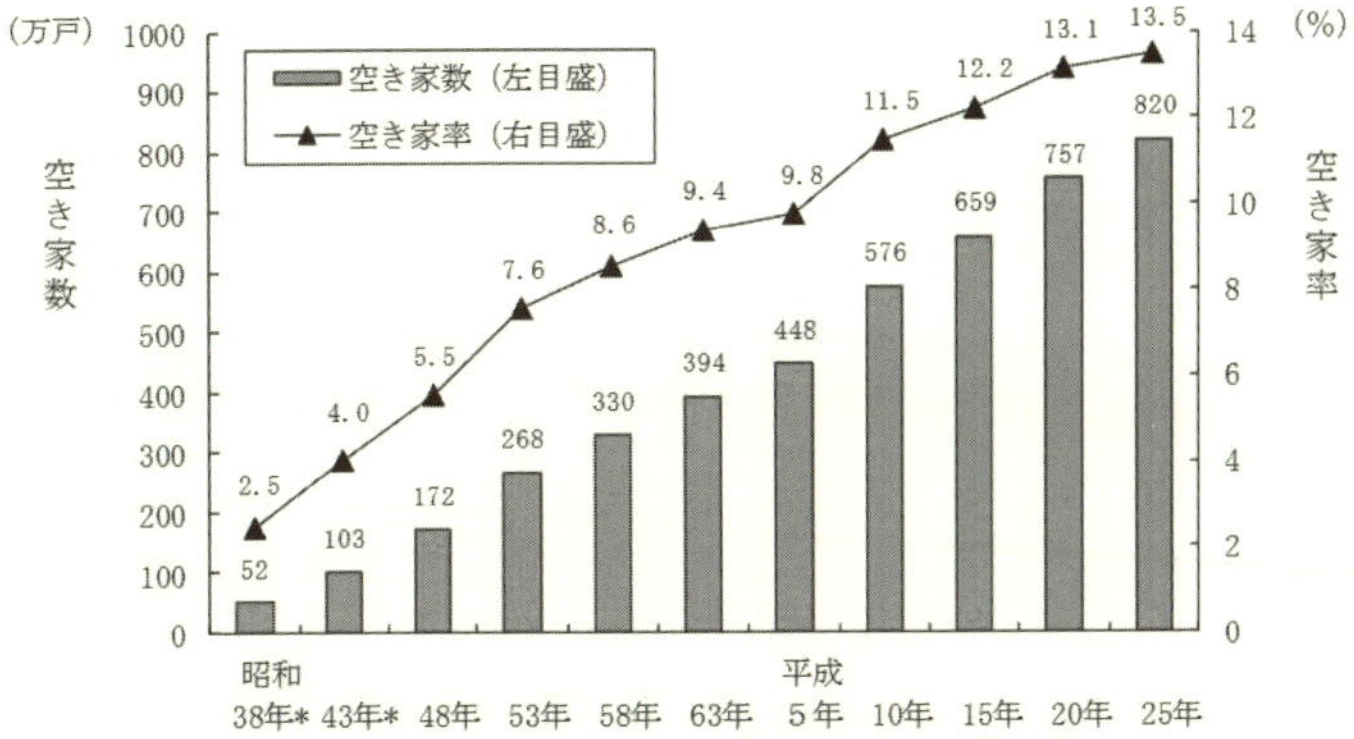

図　空き家の種類別割合

空き家の種類別割合－全国（平成25年）

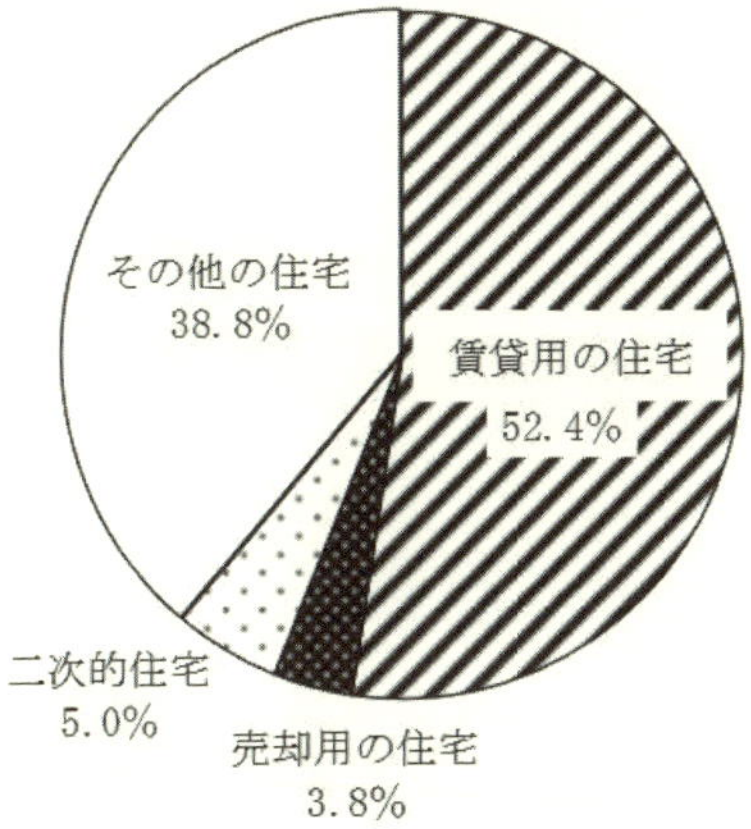

出典：総務省統計局「平成25年住宅・土地統計調査　調査の結果」
https://www.stat.go.jp/data/jyutaku/2013/pdf/nihon01.pdf

(5・0％)。長期にわたって人が不在の住宅や取り壊すことになっている住宅などの「その他の住宅」が318万戸（38・8％）という結果です。

この調査は5年毎に行っており、直近の2015年調査の発表は今年の夏ごろという話です。新しいデータではさらに空き家が増えているのではないでしょうか。

考えてみるまでもなく、日本は少子高齢化が進んでいます。

昨年末、厚生労働省から発表された2018年の「人口動態統計の年間推計」によれば、国内で生まれた日本人の赤ちゃんの数は92万1000人で、3年連続で100万人を下回っています。

対して、死亡数は戦後最多となる136万9000人に上り、出生数が死亡数を下回る「自然減」は44万8000人と過去最大の減少幅となる見通しとのことでした。

出産や子育てをしやすい環境整備の必要性が一段と高まっているのです。

なお、一人の女性が生涯に産む子どもの数にあたる合計特殊出生率については2017年で1・43人と2年連続で低下しています。全国でもっとも出生率が低い東京都はさらに下がるそうで、仕事と育児の両立環境に課題を抱えていることがわかります。

高齢者の死去により相続で行き場がなくなった空き家がいっぱいあるなか、これを子育て世代に対して有効利用できれば、「良いビジネスになる！」と思ったのです。

7 不動産投資の勉強法

私は猪突猛進タイプで、とにかく興味があることに向かって突き進んでいきます。そのため坂下さんが提唱されている「妻を社長にしてプライベートカンパニーを作る」ことがいいと思ったら、すぐ実践しましたし、不動産投資に興味を持ってからは、とにかくいろいろなことを調べたり、本を読んだり、セミナーに行ったりと精力的に活動しました。そして、自分自身の勉強をするための勉強会も開催するようにしました（詳しくはコラムでご紹介しています）。

そうしたことを行うなかで感じたのは、知識を得るだけ（インプット）でなく、それを外に向かって発信すること（アウトプット）も大切だということです。

不動産投資の世界では、成功した先輩大家さんから学ぶのがもっとも良いとされています。それで本を読んだりセミナーで話を聞くということをする人は多いと思うのですが、本を読むだけで満足して何も動かなかったら意味はありません。

セミナーも同様で話を聞いたときはすごく勉強になってヤル気になるのですが、その後に1週間も経てばすぐに忘れてしまいます。

私も最初はそのような状況だったので、今は本を読むときはいいなと思ったところに付箋を貼って何度も読み返すようにしています。また、そのポイントをノートに書き出してまとめています。

8 感謝される人になるために・・・SNSで毎日情報発信を開始！

インターネットの情報で良いと思った記事もまとめておいて、こうした内容をSNSで発信したり、勉強会で共に不動産投資を学ぶ皆さんとシェアしています。同じ大家さんたちと以前よりコミュニケーションがとれて、仲間の輪が広がっています。

また少なからずこれから不動産投資を始める方、不動産業界の活性化などの「社会貢献」もできるかと思います。

【情報発信のための「金子みき（秘書大家）」4つのSNS】

○Twitter
※2000フォロワー突破！
https://twitter.com/miki_2017_

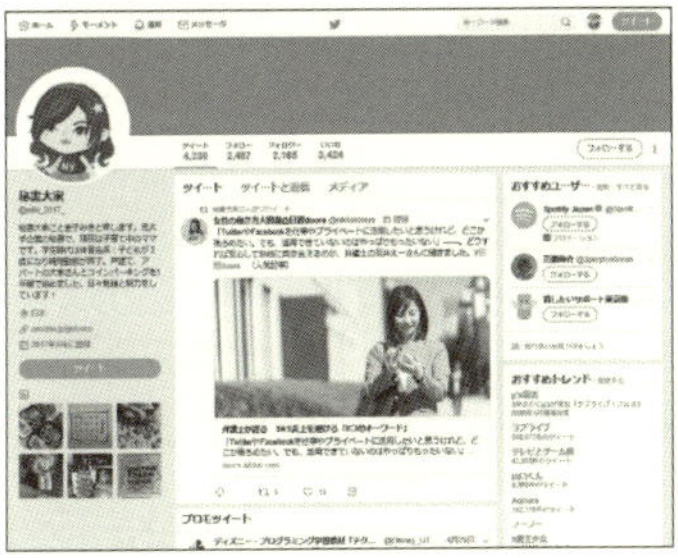

○アメブロ『秘書大家みきのブログ！』
※ほぼ毎日更新中！
https://ameblo.jp/golcoco/

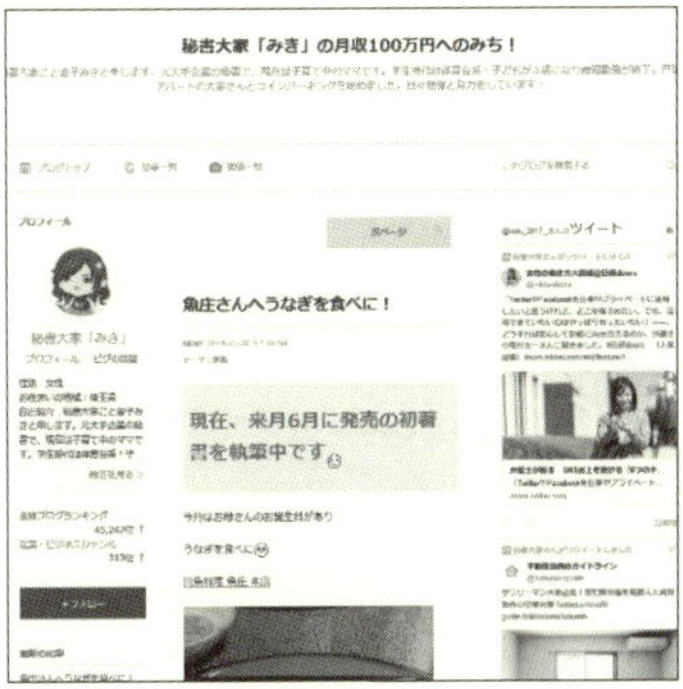

○ライン@【miki kaneko】
（無料メルマガ）　※購読者募集中！
ID【@abu8786z】

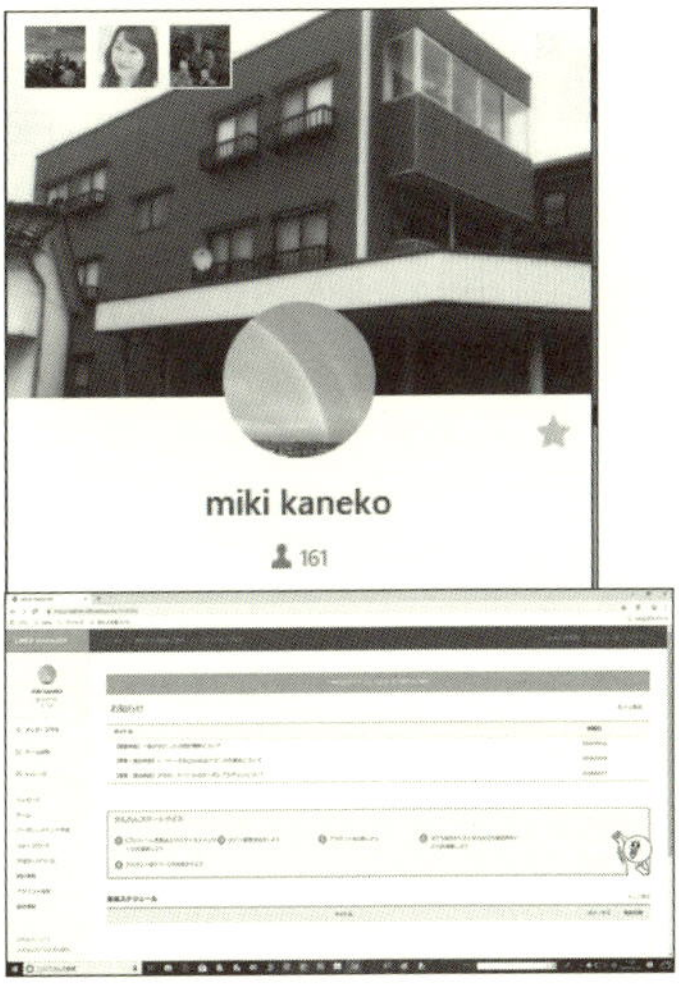

○Facebook【Kaneko Miki 秘書大家】
※友達申請受付中！
https://www.facebook.com
/miki.kaneko.942

○『秘書大家の勉強会』※2018年より14回開催！

まだまだ初心者ですが、みなさんとの情報のシェアを兼ねて、定期的に勉強会を開催しています。毎回素敵な先輩大家さんをゲストにお呼びして、凄い投資術のお話をお聞かせいただいております。私も「3つの不動産投資」や日々の大家経験や学んだことをお話しさせていただいております。

第1回を2018年2月よりスタートしましたが、当初は数回程度の予定でした。しかし、ありがたいことに満席が続き、次も次も・・・と続けてきた結果、気づけばもう第14回の開催となっております。

私の子育ての都合で平日のお昼開催が多いことから、主婦の方や時間に余裕のある会社員の方が中心で、とても和やかな勉強会となっております。ご興味ある方はぜひお気軽にご参加ください。

※最新勉強会の予定は私のSNSにて発信しております！

★第14回開催：2019年5月／ゲスト講師：五十嵐未帆さん【著書：『買うだけ、かんたん！主婦の私でもできた月収130万円「新築アパート」投資法』(ダイヤモンド社)】

★第13回開催：2019年4月／ゲスト講師：白岩貢さん、穴澤康弘さん【著書：『空室を許さない！「満室」管理の「王道」』(ごま書房新社) ほか】

★第12回開催：2019年3月／ゲスト講師：星野陽子さん【著書：『お金の不安から自由になって幸せな女になる』(祥伝社) ほか】

★第11回開催：2019年2月／ゲスト講師：河上伸之輔さん【著書：『元手500万円から資産20億円！ どんどん買い進める“北陸不動産投資”術』(ごま書房新社)】

★第10回開催：2019年1月／ゲスト講師：宮崎俊樹さん（サーファー薬剤師さん）【著書『空き家は使える！戸建て賃貸テッパン投資法』(技術評論社)】

★第9回開催：2018年11月／ゲスト講師：古川美羽さん（元レースクイーン大家さん)【著書：『子育てママがおうちにいながら年収1000万円稼ぐ投資術』(セルバ出版)】

★第8回開催：2018年10月／ゲスト講師：溝口晴康さん（プリンス破天荒さん）【著書：『理系サラリーマン大家が伝授する 不動産投資で不労所得1000万円を得る方法』(幻冬舎)】

★第7回開催：2018年9月／ゲスト講師：岩崎えりさん【著書：『30代ママ、2カ月で“月収150万円“大家さんになる！』(ごま書房新社)】

★第6回開催：2018年7月／ゲスト講師：大城幸重さん【著書：『高家賃でも空室ゼロ！これからの不動産投資は地方の新築デザイナーズアパートが狙い目です』(秀和システム)】

★第5回開催：2018年6月／ゲスト講師：椙田拓也さん【著書：『知れば得する！“お金が増える”大家さんの税知識』(ごま書房新社) ほか』

★第4回開催：2018年5月／ゲスト講師：日曜大家さん【著書：『戸建のDIY再生による不動産投資-家族と一緒に楽しくDIYしながら家賃収入を得る法』(セルバ出版)】

★第3回開催：2018年4月／ゲスト講師：舛添菜穂子さん（主婦大家なっちーさん）【著書：『コツコツ月収80万円！主婦大家“なっちー”の小さな不動産投資術。』ほか】

★第2回開催：2018年3月／ゲスト講師：上原ちづるさん（スッチー大家さん）【著書：『コインパーキングで年1200万円儲ける方法』(ダイヤモンド社)】

★第1回開催：2018年2月／ゲスト講師：奈湖ともこさん【著書：『最新版“元ギャル”が資産8000万円の大家さんになったヒミツ！』

第5章

不動産投資のいろは

第5章は「不動産投資のいろは」です。ここでは不動産投資がどのような投資なのか、他の投資との違いなどを紹介します。

不動産投資には選択肢がたくさんあります。どれが正しいということはなく、何を選ぶかは自分次第というところが大きいのです。ここでは基本的な手法やどのような選択肢があるのかを説明します。

1 不動産投資ってどんな投資なの？

不動産投資とはどういうものなのか基本的なお話をします。

すでに不動産投資の勉強をされている方は、ご存じかと思いますので読み飛ばしてください。

収益不動産をオーナーチェンジで買えば、すぐに家賃が入ります。毎月の家賃がもらえることをインカムゲインといい、毎月の収入として継続的にもらえます。

もちろんリスクもあります。突然、空室になったり、設備などが壊れて修繕費がかかることもあるのですが、家賃は定期的に毎月入るものだから先が読めます。

たとえば、退去があれば家賃が減るとわかりますし、修繕費がかかれば急にお金がなくなるわけではなく、事前に「見積書」といって、「これくらいお金かかりますが工事をしますか?」と打診が来ます（管理会社に管理委託をしている場合）。

物件を購入するために融資を受ければ、入ってきた家賃から返済します。

また、月々の光熱費や定期清掃代、年間にかかる固定資産税などもあらかじめどれくらいの出費があるかわかるので、いただいお家賃を貯金しておけば問題ありません。

家賃のインと、かかる経費のアウトを把握して、インするお金のなかでアウトが収まれば収支は黒字で賃貸経営ができます。

また、インするお金（家賃収入）からアウトするお金（賃貸経営にかかるコスト）を引いたものがキャッシュフローといわれる自分の手元に残る利益となるのです。

税金については個人で購入する場合は、家賃収入に所得税がかかりますが、妻を社長にしたプライベートカンパニーで購入する場合、法人税を支払います。

そのキャッシュフローがどんどん増えて、サラリーマン収入を超えることもあります。

最初は毎月5万円かもしれません、単純に戸建てを1戸目に買うと5万円の収入でも、2戸目を買ったら10万円です。

それをどんどん増やして積み上げていきます。

なっちーさんのように、現金購入を中心にして時間をかけて積み上げていくやり方もあります。

それとは別に融資を使うことにより、レバレッジをかけてステップアップを早くしていく方法もあります。レバレッジについては後の項目で解説します。

私はどの手法が良いのか悪いかよりは、自分がどうしたいのかが大切だと思って取り組んでいます。

とくに、「どのような目標に向かって不動産投資をはじめているのか」を最初に決めた方が良いでしょう。

私の場合ですと、漠然と月々の収入を100万円と考えていたのですが、戸建てからスタートしてしまったので軌道修正をし、アパート投資に切り替えました。

2 あらゆる「仕組み」が整っている

なぜ不動産投資がいいのか。それは自分が働かなくても不動産がお金を稼いでくれるからです。

自分の時間を使わなくても、不動産に投資することにより勝手にお金を稼いでくれます。

というのも不動産投資には、あらゆる仕組みが整っています。

たとえば、自分が家賃を集金しなくても口座に振込で入ってきます。その家賃を請求するのも管理会社がしてくれます。

修繕も自分でＤＩＹができない人ならリフォーム会社さんへ頼めばよいのです。家賃滞納のリスクにも保証会社が対応してくれます。

このように、大抵のことはアウトソーシングの仕組みが整っており、大家さん自らは何もしなくてよいのです。

逆に自分でしてみたいと思えば、大家さんが介入できる余地があります。お金がなくて建物の管理やリフォームにお金をかけたくないのであれば、それこそＤＩＹでコツコツと時間をかけて家を直すこともできます。

それよりもスピード重視、機会損失を避けたいのであれば、すべてを業者さんに頼んで速やかにやってもらうこともできます。

このようにいろんな選択肢があり、それを投資家・大家さんが自分の意思で選ぶことができます。選択肢については、後の項目で解説していきます。

3 最大の魅力は「レバレッジ」

株式投資、ＦＸ、投資信託、最近であれば仮想通貨。ほかにもいろいろありますが、「投資」と名がつくものは本来であれば自分の持っているお金でやるものです。

しかし、不動産投資に限っては不動産賃貸業、つまりビジネスなのでお金を借りることができるのです。

さらにいえば、ビジネスの融資には「運転資金」と「設備資金」があり、不動産は設備資金に該当します。

設備資金では、その設備（不動産）の価値が問われます。逆をいえば、銀行からの評価の高い物件（担保評価の高い物件）を選ぶことができれば、融資が受けやすくなります。

そして不動産の評価に加えて、借りる人の属性も重要です。

具体的にいえば、妻社長のケースでいうと、夫の属性が重要です。つまり、夫の年収や勤続年数、それに家族構成など、銀行が評価する社会的な信頼性が問われるのです。

この「物件の評価」「借りる人の属性」その2つを使うことで、融資を受けてレバレッジをかけることができます。それが最大の魅力だということです。

ただし私の場合は、大きな借金をするのが怖いと感じたこと。また、空き家問題という自分の興味から入ったので低価格のものを買って、子育て世代のママさんたちに提供しようと考えたのです。

アパートやマンションに住んでいる子供たちの足音がうるさいというクレームを聞

いていましたから、その問題も解決できたらと1軒家にこだわって探しました。

そのため、最初はいわゆる坂下さんの提唱する「妻社長スキーム」で、自分が社長になったところからスタートしたものの、不動産投資の王道であるレバレッジをかけるという気持ちがなく、戸建てをキャッシュで買っていくところからスタートしました。

4 代表的な不動産投資の選択肢

不動産投資には様々な種類があります。

まず手頃なところでいえば、キャッシュでやる戸建て投資です。

それと有名なところでは区分マンション投資があります。さらにいうと1棟投資です。この1棟投資にはアパート、マンションなどがあります。

それ以外としては、コインパーキングやトランクルーム、コインランドリーなども不動産投資です。

このように不動産投資には数多くの種類があります。それぞれ一長一短があり、かかるコストも違えば利益も違います。

ただ大きく分けると、買うか借りるか。現金で買うか融資を受けるか。新築か中古か。地方でやるのか、それとも都会でやるのかにわけられます。

それでは、これらを1つずつ解説していきましょう。

①買うか、借りるか?

不動産投資は物件を買うことが前提の投資のように思えます。

不動産投資をする=大家さんになる、という意味なので、買うことが前提になるのですが、実は物件を買わなくても不動産投資はできます。

それで有名になったのが民泊です。「闇民泊」という言葉まで流行ったように、大家さんから借りてこっそりホテルとして貸してしまうことがあり問題になりました。

今は普通に民泊OKの物件があり、許可を取って合法でやっていくやり方もあります。

そう考えるとコインパーキングやコインランドリー、トランクルームなども、借りた物件を利用してお金を稼ぐやり方です。

これらを借りて行う投資の一番のメリットは元手がいらないことです。融資が厳しいときに、この元手がかからない投資は魅力的で、私も約300万円でコインパーキングをはじめました。

もしもその土地を買わなければいけなかったら、恐らく桁が1つ変わっていたことでしょう。3000万円なければできない投資を、300万円でできるわけですから大きな魅力です。

ただし、これには毎月のランニングコストとして、家賃が発生する欠点もあります。採算ラインがそこにあり、家賃よりも売り上げが少なければ持ち出しになってしまうのです。

ただ、大きな借金との違いは、そこでダメになったときは撤収ができることです。「これ以上はダメだな・・・」と判断したら解約をして、また大家さんに戻せばいい。そういう点においては、ハイレバレッジ投資に比べればリスクがすごく低くなるのでオススメです。

②現金か融資か？

現金で物件を買えば、借金がないわけですからリスクが少ないです。たとえば入居付けですが、空室が続いていたとしてもローンがない分、気が楽です。固定資産税や、区分マンションの場合は管理費・修繕費といった最低限の持ち出しはあるものの、それで破たんすることは考えられません。

くわえて家賃下落に対しても強いです。5万円で想定していた家賃が、たとえ4万円に値下がっても利益は減りますが耐えきることはできます。

しかし、これが融資で月々4万円の返済があった場合、4万円の家賃に下げられたら経費を考えるとマイナスになってしまうから厳しいですし、空室になればなるだけ持ち出しが増えてしまうので耐えきれません。

逆に融資を使うメリットをいえば、レバレッジの項目で解説したように、少ないお金しかなくても、大きな投資ができることです。

融資を使うことにより、100万円しか持っていない人でもレバレッジをかけて1000万円の物件が買えたりします。小さな元手で大きな儲けが得られる可能性があるのです。

ただし、2018年のスルガ問題以降は融資がとても厳しくなり、初心者がいきなり大きな融資を引くのは現実的ではありません。

とはいえ、先輩大家さんから聞く話では「昔に戻った」という現状のようです。

融資が受けやすい市況であれば、ほかの投資家も物件を買いやすいですから、その結果、競争が激しくてゆっくり物件の検討もしていられません。

振り返れば、割高な物件を買ってしまいやすい時期もあったのです。

現にニュースをにぎわせた新築シェアハウス「かぼちゃの馬車」のような、明らかに手を出してはいけない高い物件を買っている人がいた時代もあるのです。

その代わり全く初心者のサラリーマンでも買えたので、よくも悪くも買いやすい＝失敗しやすい時代でもありました。

今は融資を受けて買うこと自体が難しくなっていると言われますが、振り返れば10年前も同じだったと言います。リーマンショック後も同じように冷え込んでいたというので、恐らく時代は繰り返しています。

融資が引きにくい時代があれば引きやすい時代もありますし、物件の価格が高い時代があれば安い時代もありますから、常にその時代で最善を尽くすしかありません。

今は現金を使った少額投資のほうが時流であると感じています。

③新築物件か中古物件か？

物件を購入する際の選択肢としては、新築物件を買うのか、中古物件を買うのかがあります。新築のほうが圧倒的に価格が高く、中古の方が安いです。

物件自体は、戸建て・区分マンション（マンションの1室だけ購入）・一棟アパート・マンションなどがありますが、これについては次章で解説します。

【新築のメリットとデメリット】

やはり新築の欠点は価格の高さです。たとえば区分マンションですと、買ってはいけないワンルームマンションもたくさんあります。

これは建築業者さん、販売業者さんの利益、広告宣伝費などが乗っているので割高になってしまいます。

ただしメリットもあります。なにより新築は人気があります。「新築に住みたい！」という需要があるから入居付けも良く、空室リスクが少ないです。そのうえ、家賃が高く設定できます。

最近の市況でいうと、不動産投資全般に融資が付きにくいです。特に法定耐用年数（法律で決められた建物の耐用年数）を越えた木造など、建物としての価値が無いと判断されてしまいます。

それが新築であれば、比較的に融資が引きやすい状況になるのです。そのような点においても「今は新築がやりやすい」という投資家もいます。

【中古のメリットとデメリット】

対して中古は、1回でも住めば中古になって安くなり、私が探していた戸建てのような築古（古家）になればなるほど価値が無くなり、場合によっては数百万円でも買えます。そのハードルの低さが中古の魅力です。

今は空き家問題もあり、持ち主も処分に困っているような物件に関して数十万円で売られていることもあります。さらに地方によっては目を疑うような価格で売られている場合もあるのです。

ただし中古の欠点は、リフォームにお金がかかることです。それと間取りが人気のない昔ながらの和室であったりします。

昭和の間取りですと、和室の6畳と4・5畳が2部屋という細かい使い勝手の悪い間取りがありますし、設備も和式トイレのままというケースがあります。

これらを今のニーズに合わせようとすると、リフォーム費用がすごくかかるため、その辺の兼ね合いが大切になります。

④地方か、都会か？

最後は物件を買う場所の話です。

私の所有する物件は決して都会ではありませんが都会のベッドタウン、いわゆる郊外物件と、新潟県にある地方物件を持っています。

【地方投資のメリット・デメリット】

地方のメリットは都会に比べて物件価格が安いことです。場所を絞ってしまうと、限られた物件で探さなければいけなくなりますが、広げていくほど対象が増えていくので探しやすくなります。

デメリットは融資の難しさです。私が購入したタイミングはまだスルガ銀行を筆頭に、いろいろな銀行が融資を出していましたし、公庫からも借りやすかったのですが、今の市況でいうと融資が受けにくいです。

東京や埼玉に住んでいる人が、全く離れたところで借りるのはとても難しいです。

というのも地方銀行・信用金庫・信用組合には営業エリアというものがあり、その人が住んでいる場所と、投資物件がある場所は、本来ならば同域のほうが好ましいのですが、それでも問題なしとしているのは、全国に支店があるメガバンクと日本政策金融公庫、それに商工中金です。

それ以外の地方銀行や信用金庫は、どうしてもエリアが限られてきますから、今は遠隔で地方投資をするのは簡単な話ではなくなっています。

その代わり、地方在住の投資家がその地方で購入するのは、むしろ行いやすいと思います。

【都会投資のメリット・デメリット】

日本は少子高齢化で人口がどんどん減って家が余っていく。そのような状態ですと、「どうしても都会でなければ心配」、「東京だけ人が多くて、ほかの地方は少なくて心配」と考える人が多いようです。

もちろん都会の一等地はたしかに人口減少の不安がないかもしれません。良い場所を厳選して買えば値下がりもないかもしれません。

でも買おうと思っても個人の大家さん、サラリーマンは価格的に手が出せません。どうにか買えたとしても狭いワンルームの区分マンションでしょう。

今でも区分マンション向けの融資は比較的受けやすいと聞きますが、それでもワンルームマンションは高価ですし、とりわけ今は高騰しているので決して儲かるものではありません。

私は戸建てを探すときの条件として、自分が行きやすいところで探しました。やはり初めて大家さんになると、できるだけ足を運びやすいところがいいと考えたのです。ただ近場にこだわると利益が出る物件がなかったので、郊外や地方へ目を向けるのも1つのやり方ではないかと考えました。

実際に、自宅から車や電車で1時間以内、◯キロ以内で絞っている人や、自分の住んでいる県、もしくは隣の県までと絞ってやられている人がいます。

人によってエリアは変わりますが、いわゆるドミナント戦略でやっているや、物件への通いやすさは考慮せず、利回りを優先する人もいます。

自分の投資費用に見合う、かつ融資が引ければ全国どこでも購入する考え方もあり、これは東京在住の投資家さんに多い傾向です。

ちなみに埼玉県に住んでいる私が、どうして新潟のアパートを買ったのか。

それは戸建てを買ったとき、このままではスピードが遅いからアパート投資にしようと判断したからです。

戸建てを買うときは、漠然と月100万円を目指そうとしたのですが、戸建てを買う＝スピードが遅くなります。

それにキャッシュを使い続けることにも限界があります。

私はその辺を深く考えていなかったこともあり、戸建を買ってから、これではとても目標を達成できないと気づき、それでアパート投資に切り替えました。

アパート投資をする際に、できれば自分の家の近くで貸すほうがいいと思ったのですが、なかなか物件が出てきません。

多くの地方派は「やはり都会がいい」「自分が暮らしているエリアがやりやすい」と望んでも、なかなか物件がないところから広げて、目を向けていくようになっています。

あとは地縁のある自分の出身地などで購入していくケースもあります。自分の実家だけでなく、配偶者の実家があるエリアを中心にして、地方に広げていくやり方もあります。

このように地方といっても、全く知らない地方にいくケースと、自分の出身地であったり、転勤で住んだことがある、学生時代に住んでいたなど、地縁のあるところへ行くパターンと2種類あり、私の場合は全く知らないエリアでした。

そうしたエリアを広げるケースでは融資付けが難しくなりますが、私の場合は新規事業で公庫の融資が使えることがわかりました。

公庫であれば日本全国が営業エリアになるので、投資先も全国に広げることができました。

第3部

ボロ戸建て&コインパーキング&アパート1棟～秘書大家さん式「3つ」の不動産投資術を公開！

第6章

「3つ」の不動産投資のメリット・デメリット！

第6章では実際に私が行っている「プライベートビジネス」の不動産投資についてご説明します。

全くの普通のママだった私は、もちろん不動産投資の知識はなく、空家を「からや」と呼ぶほどのど素人からの挑戦でした（汗）。

しかし、先輩大家の皆さんに支えられ、今では、「戸建て投資」「コインパーキング投資」「アパート投資」の「3つ」に取り組んで安定的に月収40万円を稼げるようになっています。ようやく存在も知られ始めたのか、元秘書ということで、大家さん業界では「秘書大家さん」と呼ばれはじめました（笑）。

大家さんとしてはまだまだ新米な私ですが、どのように物件を選んだのか？　どのように運営しているのか？　を失敗も含めて具体的に紹介していきます。

私がスタートした時に困った経験を、初心者の方にお役に立つように、なるべく数字も細かく記載しました。

ぜひ初心者の方も難しく考えずに、ご覧になってください。

1 なぜ「3つ」必要なのか

家賃収入を生み出す物件＝キャッシュポイントは、現在3つあります。

具体的には、以下の通りです。

1 ボロ戸建て投資
2 コインパーキング投資
3 アパート1棟投資

一般的には不動産投資手法を決めたら、同じことを繰り返すほうが効率も良いと思います。

戸建て投資をするなら、戸建てをどんどん増やしていくようなイメージです。

でも、私の場合「3つの不動産投資」は、すべて違うやり方です。

大規模な不動産投資家で様々な投資を行っている方は多いですが、私のような初心者がこのように分散する形の投資手法を行うのは珍しいようです。

これからその「3つの不動産投資」のはじめ方をご紹介していきますが、最初からそのような戦略を立てていたわけではありません。

不動産投資を夫婦で行いながら、走りながら考えた形ですが、この「3つの不動産投資」の選択は今の現状を考えると、とても良い進め方だったと考えています。

次章から「3つの不動産投資」について詳細をお話ししますが、その前にざっとそれぞれの投資手法と特色をお伝えします。

【秘書大家の3つの不動産投資】

2 ボロ戸建て投資

ボロ戸建て投資のメリットとデメリットは以下となります。

【ボロ戸建て投資のメリット】
・価格が安い（数百万円で土地付きの戸建てが購入できる）
・表面利回りが高い
・長期入居者が見込める（ファミリー入居が多いため）
・入居が決まりやすい（戸建て賃貸の数が少ないため）
・古くてもリフォームで甦る
・土地が付いている
・出口の種類がある（オーナーチェンジ・マイホームとして売却・土地として売却）

【ボロ戸建て投資のデメリット】
・物件が古くて現行法に準拠していない（既存不適格の可能性がある）（耐震基準をみたしていない）
・建物に価値がない（法定耐用年数を超えている）
・リフォーム費用がかかる
・融資を受けにくい（建物の担保評価が出ない）

もともと私が不動産投資に興味を持ったきっかけは「古家」でした。

その後、戸建て投資のやり方で大きな影響を受けたのは、なっちーさんの本『〈最新版〉パート主婦、"戸建て大家さん"はじめました！ ~貯金300万円、融資なし、初心者でもできる「毎月20万円の副収入」づくり~』でした。女性の視点で丁寧に書かれており「これなら私にもできるかも！」と希望を抱きました。

この投資は、中古の戸建てをなるべく安く購入して貸し出します。

現金購入することでローン返済に追われることなくマイペースで投資ができるため初心者にお勧めです。

また、はじめてみて「やっぱり自分は不動産投資に不向きだ」と考えたときや、戸建てではなく1棟投資でアパートを買い進めたいと考えたときなど、売却して手じまいをするのが比較的に容易です。

というのも入居がついていればオーナーチェンジで売れますが、空室であればマイホーム用としての売却や、マイホーム用地としての売却も可能だからです。

3 コインパーキング投資

コインパーキング投資のメリットとデメリットは以下となります。

【コインパーキングのメリット】

・借地でもできる
・初期費用が安い
・修繕費がかからない

【コインパーキングのデメリット】

・周知されるまで時間がかかる
・固定資産税率が高い
・借地の場合は借地代がかかる
・減価償却できる額が少ない（だいたい5年）

スッチー大家さんこと、上原ちづるさんの『コインパーキングで年1200万円儲ける方法』（ダイヤモンド社）を読んで「これなら私にもできるかな？　挑戦してみたいな」と投資としてハードルが低そうな印象を受けました。

コインパーキング投資とは、駐車場にしたらニーズがありそうな土地を見つけ、そこにコインパーキング場を設置して運営し利益を得ます。

ポイントとしては所有している土地で行うこともできますが、駐車場を借りて行えることです。

つまり、大きな元手がなくても実践可能な不動産投資なのです。

そのため、まだ自己資金がそこまで貯まっていない方や借金するのに抵抗のある方、借り入れのできない属性の方、物件を所有することに抵抗のある方にお勧めです。

④ 中古アパート投資

中古アパート投資のメリットとデメリットは以下となります。

【アパート投資のメリット】
・高利回り物件を狙える
・融資を受けて投資がしやすい（時期にもよる、今は厳しい時期）
・戸建てに比べて投資効率が良い
・戸建てに比べてキャッシュフローを得やすい（融資条件による）

【アパート投資のデメリット】
・建物の管理が必須
・リフォーム費用がかかる
・古い物件は銀行評価が出にくい
・空室リスクがある

アパート投資といえば、不動産投資のなかで最も王道といえる投資です。

中古も新築も投資対象になりますが、私の場合は中古物件で、しかも地方ではじめています。

この投資を行うにあたって参考にしたのは石原博光さんの『まずはアパート一棟、買いなさい！　資金300万円から家賃年収1000万円を生み出す極意』（SBクリエイティブ）や、椙田拓也さんの『〝自己資金ゼロ〟からキャッシュフロー1000万円をつくる不動産投資！』（ごま書房新社）などです。

価格の安い物件を融資を使って購入して、キャッシュフローを得る投資です。

家賃収入から月々にかかる経費や税金（固定資産税）やローン返済を引いて残ったお金をキャッシュフローといいます。

キャッシュフローの面で戸建てとの違いでいえば、アパートの場合は部屋が複数あるので、入退去があっても家賃収入が0になりません。これが戸建てですと退去してしまえば家賃収入は0になってしまいます。

また融資を使うことで、少ない元手でも規模を増やすことができます。

頭金1割と考えた場合では300万円で3000万円の物件が購入できます（別途諸費用がかかります）。

それでは、いよいよ「3つの不動産投資」のはじめ方を順にご説明していきます。

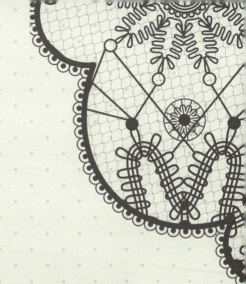

第7章

秘書大家さんの不動産投資術
①ボロ戸建て投資

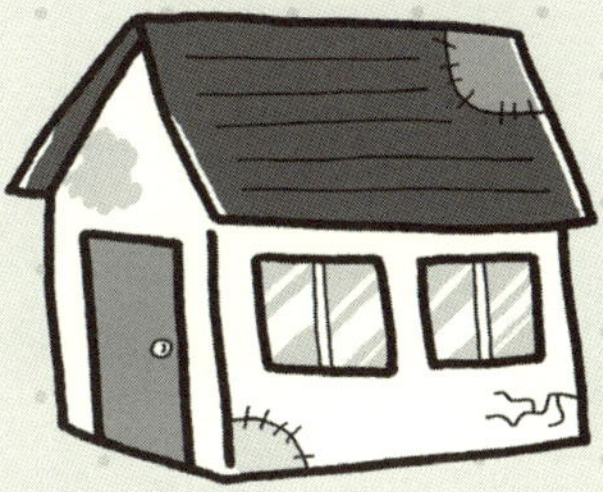

ここからは実際に私が行った投資をノウハウと共にご紹介します。

戸建てを購入することに決めた私は、2015年の夏から約1年間は、「古くてボロくてもいいから安く買いたい」と古家を中心に戸建て物件を探していました。

戸建て投資のなかでも平成築の物件を中心に買っている方もいらっしゃいますが、とにかく私はボロくて古い戸建てばかりを見ていました。

月に1回、いつも主人は子守を担当してくれ、快く送り出してくれたものです。

主人が協力してくれたおかげで「私も頑張って物件を探そう！」と奮起して物件見学に臨みました。

限られた時間ですので、月に1日だけ、それも1日に5～7軒まとめて見学していました。

いずれは大家業で成功して、子どもと過ごす時間をもっと増やしたいと、頑張って古家を60軒くらい内覧しました。

物件を見るときには、次のチェックをしていました。

【物件のチェック項目】
・傾き　↓　家に入ってすぐわかるような傾きは避ける
・再建築可能か　↓　再建築不可は避ける
・トイレの環境　↓　和式トイレ、汲み取り式は避ける
・基礎はしっかりしているか　↓　ひび割れがないかチェック
・路線価を確認　↓　路線価が土地値以上
・家賃の相場　↓　家賃4万円以上（安すぎる家賃帯のエリアは避ける）
・スーパー、コンビニ、ドラックストアなど商業施設　↓　徒歩圏にある

私は子育て世代のママさんに賃貸をしたいと思っていたので、次の2つもチェック

しています。

・学校が近くにあるか　→　徒歩10分内が好ましい

・洗濯機の場所、干す場所　→　室内洗濯機置き場、ベランダ必須

1 戸建ての投資判断

見て回った物件の価格帯は約300〜600万円で、表面利回り15％以上を狙っていました。

駅からの近さはあまり気にせず、「リフォームはどれくらいかかりそうか？」「いくらで貸せそうか」で利回りを算出し、投資として成立するかの判断をしていました。

たとえば、月5万円の家賃（年間家賃収入60万円）であれば、物件総額は400万円になります。この場合の表面利回りは15％になります。

物件購入価格　＋　リフォーム価格　＝　物件予算総額（A）
想定家賃　×　12カ月　＝　年間家賃（B）

この場合の表面利回りを計算すると、以下の計算となります。

B　÷　A　＝　表面利回り（%）
想定家賃目標：表面利回り　＝　15%以上

リフォーム費用150万円の場合
想定家賃　月額5万円（年間家賃収入60万円）
表面利回り15%に想定します。

そうすると購入希望価格は、次のように計算します。

60万円　÷　0・15　＝　400万円
400万円　－　リフォーム費用150万円　＝　250万円

こうして、400万円で売られている戸建てであっても250万円の指値をします。

なお、「指値」とは売り出し価格とは関係なく、自分の買いたい金額を表明することです。

簡単にいってみれば「値切り」すること。買付証明書に希望金額を記載します。

売主さんによっては残債（ローンが残っている）があるため「指し値はダメ」ということもありますし、相続などで急いで現金化したい場合などは、思わぬ大幅指し値が通ることもあるそうです。

いずれにしても仲介の不動産業者さんに「指値はできますか?」と聞いてみるのがいいと思います。

このような知識はなっちーさんのセミナーで教わりました。

なっちーさんの購入に関するアドバイスでは、日当たりについても教えていただき勉強になりました。

日当りは、もちろん良い方がいいに決まっています。しかし、購入時では日当りが悪いことが指値の理由になるように導くそうです。

そして、入居募集では日当りが悪くてもプラスに変えられる何かがあれば、入居は決まるそうです。

たとえば「日当りが悪い分、相場より家賃が安いです！」「日当りは悪いけれど、夏は涼しくて快適です！」など、言い方しだいで価値は上げられるのです。

だから日当りをさほど気にしなくても良いとのアドバイスでした。

そのほかには、なっちーさん主催のＤＩＹ会にも参加させていただき、クロス・フロアタイル・クッションフロア・土壁はがし・畳塗装を体験させてもらい勉強になりました。これからもなっちーさんのセミナーにはできる限り参加したいと思います。

2 物件の探し方

物件の探し方としては、まずエリアを決めます。

私の場合は、自宅から車で1時間以内を条件にして、馴染みのある埼玉県で探しています。

できれば今住んでいる埼玉県の東北部や、実家がある大宮が希望で、近日中に自分が見に行けそうな物件を探していたのですが、土地の高い大宮で安い物件を見つけるのは難しく、埼玉県でも郊外のエリアを中心にチェックしていました。

そんなとき、家から歩いて10分のところに空き家があり、不動産屋さんの立て札があったので、問合せて内覧をしました。

売主さんが販売価格を「購入当時に近い価格を希望しています」とのことで2200万円でした。これでは投資にならなさそうですし、そもそも買えないので諦めました。

当時は健美家、楽待、YAHOO！不動産のサイトを毎朝チェックしていました。そして自宅から近くに物件があれば、すぐに問合せて物件情報をメールで送ってもらい、足を運んでいました。

【物件探しに使えるサイト】

・健美家　https://www.kenbiya.com/
・楽待　https://www.rakumachi.jp/
・YAHOO！不動産　https://realestate.yahoo.co.jp/

3 秘書大家さん、はじめての買付はバンブーハウス

私には4人の子どもを抱えるシングルマザーの友人がいます。

2階建てアパートの1階に住んでおり、上に住んでいる人がちょっと怪しい（変わった）人なので、早急に引っ越しをしたいと相談を受けました。

友人には住みたいアパートがあったのですが、そこは2年後に壊すことが決まっており、できれば長く住める一軒家が理想ということでした。

そこで私が「住みたい空き家を見つけてくれたら持ち主に交渉するよ」と、一緒に町を歩いて探しました。

条件は「子育てがしやすい町」で、東京の北区を希望していました。

北区は、ひとり親家庭の生活福祉支援が充実しているからだそうです。

たとえば、高校生まで医療費助成制度があるそうです。また、ファミリー世帯転居費用助成があり、これには一定の条件を満たさなければいけないのですが、礼金と仲

介手数料の合算額（上限30万円）を助成してくれます。

数日に渡って不動産屋さんを回ったり、空家を探しました。

気になった空家にはダメもとで「こちらの家主様を探しています。情報がありましたら〇〇〇-〇〇〇〇-〇〇〇〇　金子までご連絡ください」と私の携帯電話番号を書いた紙を、ポストやドアに挟んでおきました。

もし、その空家が買えることになれば、私の物件の借主第1号が友人です。「そうなったら嬉しい！」と思いながら戸建てを探していました。

結局、友人は自分で探してきた物件に今は住んでいますが、空家の所有者探しをするのも良い経験となりました。

しかし、なかなか「これは！」という物件に出会えません。

60軒を見てきた中で、とりわけ印象に残っているのが、まだ人が住んでいるお家でした。

テレビを見ながらお茶を飲んでくつろいでいる人がいるのに、内覧をさせていただきました。

また、ボロボロの古家の場合「靴のまま入ってください」というケースも何回かあったのですが、そういった物件の中には床にネズミの死骸が落ちていた家もありました。同行いただいた業者さんが「見ないほうがいいよ！」と気遣ってくださったので、私は見ていませんが怖かったです。

それと意外だったのは、傾きがある物件が多いこと。

そういった物件の中に入ると平衡感覚が麻痺して目が回り、物件見学に行くと具合が悪くなることが度々ありました。そのお家から出て外の空気を吸うと直ぐに具合は良くなったのですが・・・。

そんななかで、1軒だけとても気に入って買付を入れた物件がありました。「バンブーハウス」と私が呼んでいた竹やぶの中に立っている物件です。

裏はお墓でしたが、そのときはどうしても物件が欲しかったのと、家の入り口をライトアップをすれば素敵になると思い、買付証明を出しました。

買付証明というのは「この物件を買いたい！」という意思表示を書面にしたもので、物件の金額、私の場合は法人での購入ですので、法人名や所在地などを明記して

社判を押して不動産屋さんに提出します。

その物件はいわゆる川上物件でまだ値段も決まっていないような状態でした。和室ばかりの3Kで50平米足らずの小ぶりな戸建てです。

先輩大家さんからアドバイスを受けて50万円で買付を入れましたが、他の方が60万円で購入したそうです。

不動産屋さんへ手土産を持参してドキドキしながらお願いしに行きましたし、物件の周りを散策したり、神社にお参りに行って「買えますように！」と祈願までしました。

ちなみに初めて1人で不動産屋さんへ行った思い出深い物件でもあります。

先輩大家さんからは竹の処理が大変というこ

と、古くて修繕箇所が読めないということで、「自分なら30万円でも買わないよ。50万円以上するならやめた方がいい」というアドバイスをいただきました。

その方からは「買わなくてよかったよ！」と言われましたが、当時の私はとても残念に思いました。

今、振り返るとたしかにお金も手間もかかりそうな物件です。おそらく「会社を作ったのにかかわらず物件がない」ということで焦りがあり、「物件を買いたい病」に罹っていたのだ思います。

4 紹介されて興味を持った戸建て

大きな転機となったのは、2016年7月24日のことです。

業界では著名な「越谷大家さんこと今岡純一さん」と、「キャバクラ大家さんこと桜庭匠さん」の二人のジョイントセミナーに参加しました。

今岡さんは『越谷大家流！　爆発的にお金を増やす!!　物件の効率的な購入の仕方と利回りアップ術』（セルバ出版）、桜庭さんは『中卒でも年収1億円！　〝やる気〟だけで夢は叶う』(ぱる出版)という書籍を出されています。お二人とも中古の一棟物件を中心に投資されており、その手法は大変勉強になります。

その懇親会で「早く大家さんになりたい！」と近くに座った方たちに言いました。そして「私は古家をリフォームして、子育て世代のママさんに賃貸したいです」と宣言したら、桜庭さんに「無料で賃貸するのはどう?」というアイデアをいただいたのです。

その突飛な発想に驚きましたが、要するに困っている人へ「無料」で提供することにより、メディアが取り上げて話題となり、宣伝ができるからです。

先輩大家さんからは「戸建ては回収に時間がかかるよ」というアドバイスもいただきました。それでも大家さんになるなら戸建てからはじめたいと思っていました。

私が「子育て世代のママさん」を応援する以外に戸建てにこだわる理由ですが、万が一にも失敗した場合に、アパートより戸建てのほうが金銭面でのリスクが少ないからです。それに憧れのなっちーさんのように、戸建てで大家業を経験したかった気持ちもありました。

その懇親会に参加していた先輩大家さんからは「今年中に大家さんにならなかった

らFacebookのお友達をやめるよ！」とプレッシャーをかけられたのも、大家さんになれた原動力だと思います。

その先輩大家さんもサラリーマンで奥さんを社長にしていることがわかり、私と同じ妻社長なので親近感を持っていただきました。

それでご親切に背中を押してくださったのだと思います。その後、メッセンジャーで大家になったことをご報告して、Facebookのお友達継続になっています。

その翌日の26日、越谷大家さんにメールで先日のセミナーのお礼をしたときに、「子育て世代のママさんのために戸建て投資からはじめたい！」とお伝えしたところ、「戸建てだったら、ちょうどよい情報が来ていますよ」と、戸建ての情報をいただきました。

良い物件なので越谷大家さん自ら買ってもいいそうでしたし、場所も埼玉県であること。おまけに近隣で６００万円近くの成約事例があり、土地が50坪ほどで固定資産税評価額も５００万円近く出ている戸建てでした。

入居については今住んでいる方（所有者）が、そのまま住み続ける意思があり、家賃は６万円で話がまとまっているといいます。

利回りも16％なので興味を持ちました。「詳細は不動産屋さんに問合せて」とのことで、連絡先を教えていただきました。

さらに翌日、27日の朝、不動産屋さんへ電話をしてアポイントを取りました。

電話をするのは何時がいいのか迷いました。

「10時くらいかな？　あまり早すぎても迷惑かな？」と迷っていたのですが、その会社は9時からの営業でしたので、思い切って9時に電話をするとつながりました。

「越谷大家さんからO町の物件の情報をいただいたのですが、物件を見せていただきたいです」

「入居中なので家の中は見られません。それとご近所に売却を知られたくないので、堂々とは見られませんが外観だけならどうぞ」

「それでも結構です」

「いつにしますか？」

「明日お願いします」

となり、翌日お伺いすることにしました。

自分でも、どうして9時に電話したのか不思議です。そして、私が電話をした直後に、2名から問合せがあったのですが断ってくれたそうです。

5 物件購入までの確認と調査

7月28日に物件の外観のみの見学をしました。

不動産屋さんからは「ご近所さんに怪しまれないように！」と忠告を受けましたので目立たないように偵察しました。

条件はとても良い物件でしたが、どうしても不安が拭えず、勉強会でご一緒したことのある先輩大家さんに電話で相談しました。

「今回、初めて埼玉県の戸建てを購入する（大家さんになる）ことになり、明後日に契約するのですが、何か注意点があれば教えてください！」と話しました。

その先輩大家さんから、次のアドバイスをいただきました。

・路線価を調べる
・現状の写真を撮る
・修繕費などはどうするのか確認

・家賃保証にも入る
・普通借家契約か？　それとも定期借家契約か？

とくに賃貸借契約については、きちんと確認するように言われました。「契約は定期借家契約で2年がいいのでは？」というアドバイスもいただきました。

まず路線価を調べました。「土地評価証明書」の「評価額」に「評価倍率表」で確認した倍率（1・2倍）を乗じます。すると、

3，356，161 × 1・2 ＝ 4，027，393

という数字が出ました。

現状の外観写真は不動産屋さんからの要望もあり、撮りませんでした。

また、人が住んでいる状況で「お家の中の写真を撮らせてください」と言うことができませんでした。

今でしたら絶対に写真を撮ります。修繕に関しては、雨漏り以外は何か不都合があっ

た場合、入居者の方に直してもらうことになりました。とにかく決めることが多く、大事なことを聞いたり確認するのを忘れそうだなと思いました。これが7月29日の話です。

翌日30日　坂下さんのセミナーに参加し、坂下さんや仲間へ「明日に戸建ての契約をします！」とお伝えました。

いろいろと初めてのことばかり。不安だったので、不動産屋さんに電話しました。

「お家の中を見ないで買うので、お家を返してもらうときにぐちゃぐちゃだったり、壁に穴が空いていた場合は、事前に写真を撮れないのでどうするのですか？」

ということを確認しました。

それに対しては賃貸契約書に「建物の保存等十分に大切に保存していただきたい」と一筆入れてくださり、また瑕疵担保免責で貸すので、入居中の設備等は借主が直すとのことでした。

「瑕疵（かし）担保責任免責」は、築年数の経過した物件でよく見かける言葉です。

瑕疵担保責任とは、その物件に「瑕疵（一般的には主要構造部の欠陥、雨漏りなど）が見つかったときに、売主がその瑕疵を修繕する義務を負うこと」を指します。

一般的に売主が個人なら3カ月程度、売主が業者であれば2年間の瑕疵担保責任がついているケースが多いです。

瑕疵担保免責とは「その責任を負わない」ということです。

やはり前日は緊張し、「契約をやめた」なんて言われたらどうしようと、夜もよく眠れませんでした。

⑥ ようやく購入できた戸建て

【ボロ戸建て物件概要】

2016年7月31日購入／埼玉県O町／築35年／戸建て4LDK／土地167平米／建物113平米／利回り16％／450万円で購入

7月31日はいよいよ契約・決済日です。

初めての売買契約で大家さんになる日は、まず、どんな服装で行けばいいのかと迷

いましたがスーツにしました。
契約には家族みんなで行くことになり、主人と私、子ども2人と義母の5人で、物件から車で5分とかからない町の施設（公民館）に午前10時に集合でした。

この日は真夏日でとても暑かったです。

売主さんが約束の集合時間になってもやって来ないので、本当に売買契約できるのか？　どうして遅れているのかとますます不安になりました。

「やっと来た！」と思ったら、怖そうな男性2人を伴って来ました。

この2人と売主さん（入居者さん）、不動産屋さん、司法書士さん、それに主人と私の7人で、契約するお部屋に集りました。

現金で購入したのですが、売主さんにお金を渡したあと、怖そうな2人と売主さんは別室に行ってしまいました。

15分ほど経ってから売主さんだけ戻ってきて、今度は賃貸借契約を結びました。

このとき家賃保証会社のことをすっかり失念していました。

みなさんから口を酸っぱくして「家賃保証会社に入るように！」とアドバイスをいただいていたのに、借主さんの「滞納はしない」と言うものですから、ついつい言葉通りに「ああ、この人は滞納しないんだろうな」と鵜呑みにしてしまった私が甘い考えでした。

不動産屋さんが「滞納はしないでくださいね。もし滞納したら僕が取りにいきますよ！　ハハハ」と軽口を叩いたタイミングで、隣に座っていた主人が「ちゃんと家賃保証会社に加入してくださいね」とフォローしてくれて助かりました。

最初に申し込もうとした家賃保証会社には入ることができず、不動産屋さんが他の家賃保証会社を探してくれて無事に契約できました。

今思えば、不動産屋さんが毎回、家賃を回収しに行ってくれるとは思えません。後に売主さん（＝入居者さん）は、滞納を繰り返したので、もしも家賃保証会社に入っていなかったら・・・と思うとぞっとします。

ここで学んだことは、「口約束ではいけない！」ということ。それと家賃保証会社に入ることで、滞納のリスクが避けられることです。

情報をいただいてから5日目のことで、まさに「あっ！」という間に済んでしまったので、とてもスピード感があり自分でもビックリしています。

不動産屋さんにアポイントを取ってから、初めて大家さんになる売買契約と賃貸契約まで、精神的にも一番がんばったと思います。

7 翌月には家賃滞納・・・

8月分の家賃は賃貸借契約時にいただきましたが、さっそく次の月に入金がありませんでした。入居者さんから「家賃の入金が遅れます」という電話があり、45分くらい話し込みました。

主人から「大家さんが甘い態度をとると、滞納する人はどんどん遅れて支払うようになる！」と忠告されていたのを思い出し、「それでは困ります！」の一点張りで対応しました。

家賃の振込日になると、入居者さんから電話がかかってくるのか？　入金がきちんとあるのかと不安になりました。

最初の数カ月は家賃が遅れるたびに電話をかけてきました。

電話をかければ遅れてもいいだろうと思われても困ります。電話がかかってくると、その言い訳を聞かなくてはいけないのがプレッシャーでした。

また、家賃の入金がないと、家賃保証会社へ月初に代位弁済請求をＦＡＸかメールで送らなければいけないので仕事が増えます。こちらが悪くないのにドキドキして、こんな辛い思いをするのはとても嫌でした。

結局、家賃は2年半で11回も家賃保証会社から入金されることになります。

8 退去後の部屋は残置物だらけ

２０１８年11月末、家賃保証会社から「入居者さんが退居します」と連絡がありました。

12月21日に退居立ち合いということで、入居者さん、不動産屋さん、大工さん、家賃保証会社さん、それと私の5人で集まりました。

大工さんは立ち合い後に、どこをどのようにリフォームすればよいのか確認をしに来てくれたのですが、あまりの残置物の多さに困り果ててしまう状況でした。

「ゴミは無かったけれど、片づけようとして押し入れから出したらこうなった」と、あからさまな嘘を言います。

残置物の処理日は年明けの1月7日に行った後で、大工さんがリフォームの見積りを出してくれることになりました。

残置物の処理には5人がかりでトラック4台、所要時間は3~4時間。費用が10万円くらいかかりそうとのことでした。

この費用は家賃保証会社が支払い、入居者に請求するという話です。一緒にいた不動産屋さんは「この金額は安い!」と驚いていました。

残置物処理後に、不動産屋さん経由で送られてきたリフォームの見積りはトータルで260万円でしたが、その後で他の業者さんにも来ていただき、見積もりをお願いすると220万円でした。

私のリフォーム予算は150万円なので、2社ともお断りしました。

その150万円という希望額に、きちんとした根拠はないのですが、リフォームに200万円以上ものお金はかけられないと思いました。

450万円で購入して、150万円のリフォームをすると600万円です。家賃が6万円だとすれば利回りは12%に減りますが、しかし450万円で買って、すでに家賃29カ月分の174万円はいただいています。

家賃回収を差し引きすれば、現在の価格は276万円です。

家賃は同じく6万円とした場合、リフォームが260万円ですと利回りは13%、220万円であれば14%です。

150万円でリフォームができれば利回り16%をキープできるので、リフォーム費用は150万円に抑えたいと考えたのです。

断り方として1社には「リフォーム代が想定していたより高いので考えます」と電話にてお返事しました。

もう1社に対しては、見積り中に「投資用だから150万円くらいが希望です」とお伝えし、見積りに来ていただいたお礼と、検討しますというお返事をしました。

その後にお返事はありません。おそらくですが、私が200万円以上だったらリフォームしないだろうと、やり取りの中で感じていただいたのでしょう。

ともあれ早くリフォームをして借主さんを探すのがベストなのはわかっていますが、今後どうするかは思案中です。候補として以下を考えています。

・そのまま「DIYもOK物件」として家賃を安く貸す
・DIY会を開催したい人、練習したい人に場所を提供する
・150万円でリフォームして貸す
・150万円でリフォームして売る
・そのまま売る

売却するならマイホームとしても、あるいは投資物件としても、どちらでもいいですが、私の勝手な思いとしては、やはり子育て世代のママさんに住んでいただけたら嬉しいです。そのようなわけで、できるだけDIYをする方向で考えています。

第8章

秘書大家さんの不動産投資術
②コインパーキング投資

コインパーキング投資は、上原ちづるさんの『コインパーキングで年1200万円儲ける方法』（ダイヤモンド社）を読んで「おもしろそう！」と思いやってみました。

私が車好きなことにくわえ、自分でもできそうと思えたこと。それに私自身も車を停めるところがなくて困ったことが多々ありました。

ですからコインパーキングを運営することで人の役に立つのではないか？

私が目指している「社会貢献ができる事業なのではないか」と思えたところに魅力を感じました。主人も車が好きなので、「車に関係する事業ならチャレンジしてみれば？」と背中を押してくれました。

上原さんの本に書いてある大事なところはノートに写し、いつでも実践できるように持ち歩いていました。

この本を読んでからというもの、外を歩いているときも、ちょっと空いているスペースや土地を目にすると、「あそこなら車を○台は止められる！」「ここにはパーキングの需要があるかな？」と考える癖がつきました。

2016年の5月初旬に、坂下仁さんが主催する妻社長倶楽部の例会で、その上原ちづるさんが講師としてお招きされました。

前の席に座らせていただき、私の熱い思いを伝えるべく、ご著書から書き写したノートを持参しました。

ご本人を目の前にすると恥ずかしくなり、何も言い出すことができなくなりました。でも、ずっと会いたいと願っていた方にお会いできたので、そのときはとても嬉しかったです。

翌日、コインパーキングをはじめるにあたり、まず何をしたらよいのか？ というご相談をメールさせていただきました。

後日にお会いできて、私の思いのたけをお伝えすることができました。

1 コインパーキング投資のポイント

コインパーキング投資の良いところはいろいろありますが、同じ駐車場で比べても、月極とコインパーキングでは、コインパーキングの方が断然収益性が良いです。

月極駐車場では1台あたり3万円であれば、それ以上稼ぎ出すことは無理です。

ところがコインパーキングで、30分200円夜間60分100円の場合であれば、最大で次の金額が稼ぎ出せます。

1時間400円 × 16時間（8～24時）＝ 6400円
1時間100円 × 8時間（24～8時）＝ 800円

月の最大売上7200円（1日）× 30日 ＝ 216000円

これは100％の稼働状況なので、もし30％の稼働率だとしても、6万円以上は稼

げるのです。

21600円 × 30% ＝ 64800円

詳細は上原さんの書籍を読んでいただきたいのですが、コインパーキングの良さはわずか10坪しかない土地であっても、その形によっては車を2台も置くことが可能で、そこが高稼働することでお金が稼ぎ出せます。

上原さんは50坪の土地に対し、毎年23万円ほどの固定資産税がかかっているそうですが、表面利回りで16%、実質利回りでも14%だそうです。

また、土地を所有することにリスクのある人、土地を購入する資金がない人に対しては、まずは借地からはじめてみることができるとアドバイスくださいました。

これなら融資を受けなくてもできそうです。

それに本人の属性も問われませんから主婦やフリーター、無職でもできるハードルが低い投資です。

類似にあるのが転貸民泊や貸し会議室、パーティールームなどです。これより少しお金はかかりますが、コインランドリーやトランクルームも転貸で可能な投資です。

今はそういった物件を所有しなくてもできる不動産投資に人気が集まっている印象があります。

②コインパーキング投資のメリット・デメリット

6章でも簡単にご説明しましたが、ここではコインパーキング投資のメリット・デメリットを詳しくご紹介いたします。

どんな投資であっても良いところがあれば、悪いところもあります。


【コインパーキングのメリット】
・借地でもできる
・初期費用が安い
・修繕費がかからない

【コインパーキングのデメリット】
・周知されるまで時間がかかる
・固定資産税率がかかる（借地の場合は借地代がかかる）
・減価償却できる額が少ない（約5年）

メリットとしては、住居用不動産のように建物がありません。その分だけ安いのはもちろん、不動産投資で大家さんを苦しめる修繕費がかかりません。

もちろん、コインパーキングをはじめるための機材設置は必要ですが、建物を新築することに比べてずっと安い価格ですみます。

対してデメリットとしては、そこにコインパーキングがあると認知されるまで時間がかかること。そのための宣伝費もかかるということ。

ただし、住居用の不動産の普通賃貸であってもADと言われる広告宣伝費がかかりますから、コインパーキングだからコストが高いということはないと思います。

また、コインパーキング用地は更地と同じ扱いです。そのため住宅、もしくは住宅用地のように税の軽減措置はなく固定資産税が高いのです。これが唯一の欠点と言ってもいいくらいだと、上原さんはおっしゃっていました。

住宅地で200㎡以下の部分は更地の1／6に、200㎡を越えると1／3の課税率になりますから、更地の税金はとても高いのです。

なお、私のように借地ではじめれば、固定資産税の支払いはありません。初めてコインパーキング投資にチャレンジする人にお勧めです。

その代わり借地代はかかりますから、借地代以上の売上がないと赤字になってしまいます。

最後は減価償却です。初期費用がかからない分、減価償却できる金額も少ないですし、コインパーキングに必要な機材の減価償却は5年程度です。

普通賃貸であれば、法定耐用年数はRC47年、重量鉄骨34年、木造22年となり、法定耐用年数ー築年数が減価償却できる期間となります。

3 コインパーキング投資のはじめ方

用地の探し方は、ネット検索のキーワードで「土地」で探します。

さらに、その土地が「更地」なのか、それとも「古家付き土地」なのかを確認します。古家付きになると建物の解体が必要となります。

ベストなのは、更地の角地で間口の広い土地です。

国交省のウェブサイト『土地総合情報システム』(http://www.land.mlit.go.jp/webland/)では、地価公示価格や実際に行われた取引価格も調べられると上原さんの著書に紹介されていました。

なお、駐車場を借りて行う場合には、貸し駐車場の情報を探します。まとまった台数で借りられる駐車場がないのかをチェックしましょう。

インターネットでも探せますし、近所ではじめたいと思えば、近隣の不動産屋さんに足を運んで聞いたり、空きの多そうな駐車場の問い合わせ先（大家さんか管理会社）に確認します。

続いて、機器類の調達です。

私は運営会社におまかせしましたが、インターネットで、「コインパーキング（時間貸駐車場）」「コインパーキング機器」というキーワードで検索すれば、たくさんヒットすると上原さんが教えてくれました。

機器類の販売やリースだけではなく、コインパーキングの工事や設置まで請け負っているケースが多いようです。

これは不動産のリフォーム工事と同様で、1社に絞らず、複数の会社で見積もりを取って比較するのが良いでしょう。

機器をセッティングしてコインパーキングがオープンしたら保守管理が必要です。これは、地元の実績ある業者にお願いします。

業者の探し方としては、近隣にあるコインパーキングの問合せ先を確認するほか、機器を購入（またはレンタル）した会社にお任せすることもできます。

清掃や集金業務については、これも普通賃貸と同様に「自主管理」（自分で行う）「管理委託」（運営会社にまかせる）が選べます。

保守管理をお願いする会社にすべてを一任することもできますので、自分自身は一切動かない・・・という運営法も可能です。

私自身はすべてをお任せしており、売上のデータ管理もすべてやってもらっています。

4 大阪でコインパーキング投資をスタート！

【コインパーキング物件概要】

2016年8月25日　オープン／大阪府M市／12台分の敷地内に5台／利回り4・8%

2016年5月中旬の夜、上原ちづるさんから、コインパーキングの案件がメールで送られてきました。

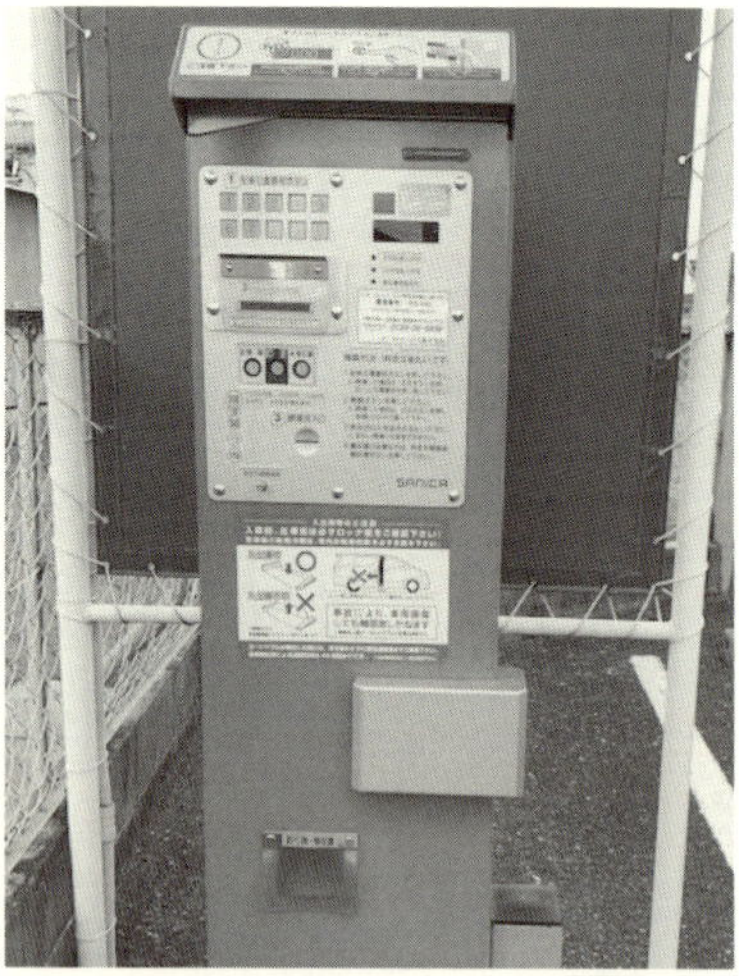

とても嬉しかったのですが、初めてのことですし、場所も詳しくない大阪でした。
そのため「少し検討させてください」とお返事をしました。
その1時間後に上原さんから「やる方が決まりました」とのご連絡がきました。
その経験から、私は「決断を早くしないといけない、スピードが大切！」と学びました。

6月半ばに、また上原さんから案件のご連絡をいただきました。
そのときは、ちょうど初めて戸建ての買い付けを入れていたので、そちらに力を入れたいと見送りました。しかし、その戸建ては買付が通りませんでした。

そこで、やはりコインパーキング投資に挑戦したいと考えました。

運よく7月中旬にお会いするアポイントが取れました。

そして上原さんからコインパーキングの運営について詳しくご説明いただき、案件を待つという状況になりました。

お会いしてから、1週間後に再度案件のご連絡をいただき、その1時間後に挑戦したい旨をお伝えしました。中込書が届き、翌日にサインをしています。

今回はスピードを意識したので、コインパーキング運営のスタートにたどり着くことができました。私は車好きでもありますから、これからが楽しみでワクワクしました。

5 コインパーキングの初期費用と売上予測

全くの素人な私がコインパーキング運営のスタートまで、どうやってたどり着くことができたのかと考えてみると、次の理由が思い浮かびました。

・たまたま本屋さんで見かけた上原さんの『コインパーキングで年1200万円儲ける方法』を読んだこと。
・上原さんを講師として、坂下仁さんが例会に呼んでくださったこと。
・そこから、上原さんと個人的に連絡がとれるようになったこと。
・自ら進んで上原さんにアプローチしたこと。
・何度かのやりとりで「決断は早く、スピードが大切！」ということを学んだこと。
・なによりも坂下さんや上原さんとのご縁。

これらがあり、私自身も行動することにより、コインパーキング運営のスタートまでたどり着くことができたと自負しております。

このコインパーキング運営は遠方ということで、自主運営ではなく管理会社にお願いしています。

以下にかかった費用をご紹介いたします。

おおよそ300万円程度かかりました。これは事前のシミュレーションに比べて多少高くつきましたが、ほぼ予測内といったところでした。

【駐車場開設費】

①機器	1,280,000円
・集中精算機(20台迄)	600,000円
・ロック板(細)	600,000円
・部材運搬費	20,000円
・遠隔システム	60,000円
②その他設備	690,000円
・車止め	30,000円
・防犯防止バリカー	7,000円
・テント貼付け約款パネル	8,000円
・案内看板	190,000円
・最大料金看板	40,000円
・P看板	270,000円
・LED照明	50,000円
・精算機用テント	85,000円
・ローバリカー	10,000円
③設置工事	589,000円
・集中精算機設置工事	50,000円
・ロック板取付工事	175,000円
・車止め設置工事	10,000円
・精算機用テント設置工事	15,000円
・案内看板設置工事	15,000円
・最大料金看板設置工事	15,000円
・P看板設置工事	15,000円
・LED満室灯配管配線工事	8,000円
・LED照明設置工事	15,000円
・ローバリカー設置工事	8,000円
・盗難防止バリカー設置工事	8,000円
・車室ライン引き	35,000円
・時間貸文字ペイント	30,000円
・一次電源引込工事	140,000円
・既存車止め撤去工事	10,000円
・部材運搬費	20,000円
・試運転調整費	20,000円
④消費税(8%)	204,720円

①+②+③+④

約280万円

6 コインパーキングの売上予測

コインパーキングは、いったん入居が決まったらある程度収入が安定する賃貸経営と少し違う投資法です。

車が停まるか、停まらないか？　が売上条件ですので、月によりかなり売上が変わってきます。そのため事前にしっかりとシミュレーションを行う必要があります。

以下は私のコインパーキングの事前の売上予測です。これは管理会社につくっていただいたものです。駐車台数は5台で、稼働率22％として、月の売上が12万円。

内訳として、1日あたりの売上が4000円、月に1台あたりの売上が2万4000円で設定しました。

当初の売上の収支予測（利益）

駐車スペース 5台／売上予測 月に12万円（年間72万円）
経費予測 6万円／利益 6万円（利益率50％）

経費の内訳　月に約6万円

土地の借地料	35000円
保守管理料	12000円
集金代行	10000円
機械の保険	1500円
クラウドパーキング	2000円
〔初期費用〕	
用地紹介料として	35000円
敷金として預託	35000円

つまり経費を引くと、1台あたり1万2000円という計算になります。

すると売り上げは以下のようになります。

売上が良い時　13万円　利益は6万5000円（利益率50％）
売上が悪い時　10万円　利益は3万5000円（利益率35％）

事前にシミュレーションした売上予測と実際にかかった経費を紹介しました。予測した初期費用と実際にかかった初期費用では、若干、実際の初期費用が高くつきましたが、許容範囲内で納めることができました。

7 コインパーキングの稼働状況と売上

コインパーキング運営は2016年8月末からスタートしました。

近隣の方たちに「コインパーキングがここにできたね！」と認知されるまで、3〜6カ月かかると上原ちづるさんにお伺いしていました。

売上が上がるまで時間が必要とはわかっていたのですが、初めてのことでしたので少しだけ焦りました。

心配なことは上原ちづるさんにメールでご相談させていただき、クリアにしていました。

運営しはじめてからの約1年間の実績は2016年10月〜2017年9月まで実質

利回りは11・0%、想定利回りは30%を目指していました。

今回は不動産投資では馴染みのある実質利回りとさせていただきました。

【コインパーキングの売上】
2016年8月～2017年7月（1年間）
905800円
2017年8月～2018年7月（1年間）
1385100円
2018年8月～2019年1月（半年）
650100円

売上変動の要因を私なりに考えてみました。

・平日の駐車台数が未知数であること
・物件が自宅から遠いため自分で宣伝活動ができないこと
・値段設定が難しいこと（高くすると入庫が少なく、安いと売上が伸びず、周りのパーキングの料金と合わせることが大切）。

また、去年のことですが、管理会社より、1台のスペースでこんなトラブルが起きている連絡がありました。

【コインパーキングで起こったトラブル（時系列）】
・長期駐車車両が発見された
⬅
・48時間以上の駐車は禁止との内容の貼紙をした
⬅
・5日経っても反応がないので警察で盗難確認をしたが、届けは出ていないとのこと
⬅
・その後に警告書を貼りつけたところ、料金を支払わずに出庫した（フラップ板を乗

り越えていった)。

・結局17日間の駐車をしていた ⬅

この間の機会損失も半年間の売上変動の要因の一つでした。

私は、不動産投資との違いも考えてみました。

・市場調査が大切(人が集まる場所か? 需要等)

・周りの料金設定を調査して改善していかなければいけない(家賃と違って料金設定変更の手軽さはある)

・料金設定の改定等のスピードが大切

・不動産は空室もあるが、満室の場合は家賃が決まっているので安定性があると思う

・車を所有している人、免許がある人がターゲットで車が対象物になる

コインパーキングをスタートして2年8カ月になります。私の感想ですが、不動産投資は投資ではなく事業(賃貸業)だと思っています。コインパーキングはそれにも

増して投資要素が薄く、事業的側面が強いと感じています。

特に初動の段階では、お客様へ認知されるのに時間と労力を要します。チラシを配布したり、集客方法などの分析を疎かにすれば、リターンを得られるのも遅くなります。また、安定稼働ができたとしても、そのあとで競合のパーキングが近くにできると状況がガラリと変わります。

不労所得の概念・定義は労働集約的でないこと、継続的あるいは永続的に収入が見込めることですから、その意味でもコインパーキングは不労ではなく、事業に近いと思います。

その分、リターンとしての利回りが高いことは当然であり、それを不動産投資と同列の利回りで考えるのは間違いではないでしょうか。

コインパーキングでも不動産投資に負けない安定収入が得られるように、これからも引き続き運営していきたいです。

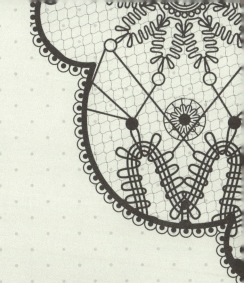

第9章

秘書大家さんの不動産投資術
③アパート1棟投資

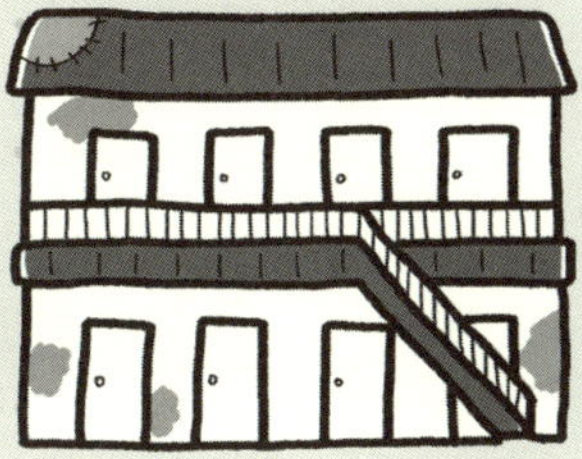

戸建て投資からスタートしましたが、途中から「資産づくりのスピードが遅くなってしまう！」と気づいたので軌道修正しました。

夫婦で話し合って、やはり融資を使ったアパート投資も合わせて行ったほうがいいと判断したのです。

それが２０１６年10月のことです。しかし、当時は不動産投資ブームの真っ最中。手ごろな物件はなかなかありません。その代わり融資は今を思うと嘘みたいに受けやすい状況でした。

今でこそ日本政策金融公庫の融資期間は10年ですが、当時は20年間まで引けました。ただし、当時もそのような状況がどれくらい続くかは読めず、「このチャンスを絶対に逃したくない！」と、ちょっと焦っていました。

アパート購入に際しては、まずどういう物件があるのか、健美家や楽待のサイトで情報を調べました。

最初は埼玉県で探していましたが、エリアを限定しているとなかなか見つからないため、埼玉から北関東、そこから全国へ広げていきました。

投資基準については、あまり厳しくすると該当する物件はないし、かといって緩すぎても収益性が落ちるしで、どのように判断したらいいのか、探しながら勉強していたような状況でした。

たとえば、栃木県の4世帯アパートで、価格は1040万円です。

【栃木県4世帯アパート】
・利回り18%
・築年数26年
・駐車場完備
・駅から徒歩20分

この物件は一見高利回りで、価格も安く魅力的に思えました。

しかし、他のサイトを見ると入居中が1部屋だけで、あとの3部屋は空室のうえリフォームがされていないようです。

そうなると、せっかく安く買ってもリフォーム費用がかかります。

また、家賃が1部屋分しか入ってこないということは、ローンで買うと持ち出しが発生し続けます。

さらに調べてみると、今の募集家賃は4万円ですが、周辺相場は同じ間取りで3万円の部屋もありました。仮にリフォーム後の家賃が3万2000円と適正家賃に引き直して計算すると以下のようになります。

32000円 × 4部屋 × 12ヶ月 = 1536000円
1040万円 + リフォーム代150万円 = 1190万円

そうすると、入居率が悪い物件なのに利回り約12・9%になるため、そこまで魅力的ではありません。

懇意にしている不動産業者さんに調べてもらったところ、実はこちらの物件、平成25年10月にレインズに登録され、約3年間売れずに残っている物件ということでした。

この業者さんからは「すでに戸建賃貸をされているので多少の経験はおありと思うが、初めての1棟は入門編の物件、すなわち入居率の高い物件を購入して（そうすると、利回り18%というような物件ではありませんが）、少しずつ経験して行くのが良いと思う」という旨のアドバイスをいただきました。

このようにいろいろ精査した結果、どのような物件を選ぶべきか徐々にわかってきました。

【中古アパートの選択基準】

・5000万円以内
・利回りは12%以上
・全室空室ではない
・1K、1R以外のファミリー向け

さらに次のことにも留意しました。

・利回りが高すぎない　→　利回りが高いということはなんらかのリスクがある

・世帯数だけ駐車場がある　↓　地方では駅近ではなくて駐車場の台数が重要
・築年数22年以内　↓　法定耐用年数以内
・ある程度の戸数がある　↓　4世帯アパートで1部屋退去があると25%の収入ダウンになるが、6世帯になると16・66%のダウンになる（1年間フルで入居が無い場合）。よって、1戸あたりに占める割合が薄くなるため、戸数が多いことはリスク分散になる。

戸数が多いことはリスク分散にもなりますが、ともかく買わなければ収入面、経験値面で機会損失になることを学びました。

ですから、良い物件（安定した利益の出る物件）さえあれば、4戸でも6戸でも買おうと思いました。

良い物件は足が速く無くなってしまうので、戸数は少しずつ増やしていけばよいと判断しました。

1 アパートの購入を決意!

いろいろなサイトで調べると入居状況（物件の現状）がわかります。地図で、大手の企業やチェーン店があるのか？ 町が元気なのかを確認します。健美家や楽待で物件を調べたり、アドバイスをいただいているうち、おぼろげながらどのような物件を購入したいのかがわかってきました。

そんなタイミングで、物件情報が入りました。業者さんからは以下のようなコメントをいただきました。

「以前、何度か買付をいただいて進めていた物件で、指値が通らず戻って来た物件です。新潟県知事が新しくなり、原発再稼働は先の話になりそうで、安全面でいえば稼働していない方が安心ですが、稼働している方が町は活気づきます。

町自体は非常にインフラも整備されており、賃貸需要も崩れていない良いエリアです。そんなK市の物件は、入退去が少ないファミリータイプで現状満室。外壁リフォームも6年前に実施しているので見た目もキレイ。これなら購入後、しばらくは手もかからないでしょう。不動産は手がかからないのが最も大事だと思います」

これを主人へ確認をしたところ「すぐ購入しよう！」となりました。

この時期は融資もまだ受けやすく、早く決断をしなければすぐに他の買い手が見つかりそうな状況でした。

そのため、ご紹介をいただいたら、すぐに購入の決断をすることを夫婦で決めていました。

2 融資付け～契約～決済

購入する際は、新規開業資金や女性、若者／シニア起業家支援資金の融資制度をつかって、会社の名義で買うことに決めていました。

法人で買うつもりで会社を設立していましたので、「新企業育成貸付」という制度で融資を受けました。

物件情報をいただいた日には購入する気持ちの準備はできていたのですが、念のため購入について夫婦で再度話合いをして、翌日に購入希望のご連絡をしました。

融資も大丈夫そうとのことでした。

この後は、以下のように進んでいきます。

①日本政策金融公庫との面談
②売買契約
③決済

もしも物件購入の決断が遅かったら、今でもアパートを購入することができなかったと思います。

とにかく判断・決断は早いほうがいいですし、それが正しかったと思えるようにすることも必要だと思います。

①日本政策金融公庫との面談

午前10時からのアポイントなので、子どもたちの登園準備をバタバタしながら保育園に預けて、満員電車に飛び乗って緊張しながら向かいました。このときに私が持参したのは次の資料です。

【公庫の面談に必要なもの】
・免許証
・源泉徴収票2年分
・預金通帳
・不動産全ての各売買契約書一式
・預金通帳以外の金融資産の資料
・会社の直近の試算表及び法人定款
・履歴書

このときは私（社長）の保証のみで、主人の属性は使いませんでした。面談もですが、売買契約書等を紛失しないか緊張しっぱなし。帰宅してからどっと疲れました。

そして、2週間後に融資承認の連絡がきました。とにかく初めてのことで、いろいろな疑問がたくさん出てきたのですが、そのたびに売買仲介の業者さんが丁寧に教えてくださいました。

たとえば次のような質問についてです。

・売主さんはどういった理由で物件を売るのか？

売却理由としては、しばらく保有してCFも得ることができたし残債も少し減っており、物件価格も高騰してきているので、このタイミングで売れるのであれば売ってしまおうとのこと。保有しても良いので希望金額以外で売るつもりはなく、指値は一切受け付けない感じだった。一言でいうと、利益確定のためです。

・大家さんになった場合、銀行への家賃振り込みはこちらの希望する銀行でよいのか？

家賃の送金口座は金子さんの会社の口座になる。同時に公庫の引落しの口座になろうかと思う。

・現在の管理会社さんはよい管理をしてくれているのか？

現在の管理会社は良いと聞いている。数件、K市の物件を仲介していて全てその会社さん。現に、この物件も満室。安心してお任せして良いように思う。契約時に売主さんに聞くのもよし。

②売買契約

11月に入って売買契約をすることになり、そのときは次を持参しました。

【売買契約に必要なもの】
・法人印
・身分証明者（免許証など）
・会社の謄本（あれば）
・手付金
・収入印紙1万円

売買契約後に乗り越える山はあと2つあると教えていただき、それが金銭消費賃貸契約と決済でした。

金銭消費貸借契約というのは金融機関と行う融資のための契約です。こちらは決済と同日に行うことになりました。

とにかく不安だらけ、わからないことだらけでしたが、なんとか頑張ることができました。

③決済

11月29日に決済をしました。そのときの持ち物は以下です。

【決済時に必要なもの】

・法人の実印
・身分証明者（免許証など）
・通帳
・通帳印
・収入印紙２００円
・お金（口座に入ったままでもＯＫ）

3 新潟県にあるアパートを購入！

【アパート物件概要】

２０１６年11月29日／新潟県Ｋ市／築29年／鉄骨造亜鉛メッキ網版葺３階建／２ＤＫ×５世帯／土地１９１平米／建物２４９平米／利回り11・71％／２４９０万円で購入／金利１・37％・０・97％　期間20年の日本政策金融公庫でローン

こうして２０１６年11月29日に、新潟県Ｋ市にアパート５室を購入できました。

購入後、業者さんに「何かやることはありますか？」と聞いたら、満室なのでしばらくは特にすることはないけれど、一つずつ経験していきましょうと言われました。

しかし、その翌日に12月末で退居の連絡がありました。決済が昨日で、今日が退去通告だったのでどうしたらいいかわからず、心臓がドキドキしました。

「もしかして騙されたのかな？」という考えがよぎりましたが、そんなことはないと気をとり直しました。

業者さんに聞いたところ「入退居なんて年中行事みたいなもの」というお言葉を受け、「その通りだ、こんなことでビクビクしていたら立派な大家になれない！」と自分に言い聞かせ、それよりも満室にするためにはどうすればよいのかを相談して、入居付けを頑張ろうと決めました。

④ 管理会社へご挨拶

２０１６年12月初旬に、管理会社さんともアポイントを取り、物件購入の４日後の週末に、家族５人（主人と私、当時４歳児と５歳児）と義母で主人が運転する車に乗り、埼玉県から新潟県のK市まで、高速道路で５時間かけて物件を見に行きました。

午前10時に管理会社さんとアポイントをとっていたので、早朝５時に出発しました。途中のパーキングで朝ごはんを食べたり、お水がおいしいところで水を汲んだり、まるで旅行気分で楽しみながら現地に向かいました。

子どもたちには、これからどこに向かっているのか再度、車の中で説明し、親の仕事である大家さん業で動いているところを見せたい思いもありました。

物件を写真で見る限りでは屋根に特徴がありました。

ピロティ形式でサンルームがあり、部分的にオレンジ色が塗装されており、おしゃれに感じつつも「ちょっと変わった物件だな」という印象を受けました。

何処にでもありそうなものより、少し変わった物件のほうがいいと思っていたので、実物を見るのが楽しみでした。

宣材写真はキレイな状態のときに撮ったものが多く、実際に物件を見ると印象が違ったと聞いたことがあります。

現地には少し早めに着いたので、まずは物件を見に行きました。いざ現物を見てみると写真通りで安心しました。

第一印象としては、屋根の柱が錆ついているのが気になりました。

当時、1部屋（101号室）の退居は決まっていましたが、まだ入居中でしたのでお部屋の中を見ることができませんでした。

管理会社の担当者さんと午前10時にアポイントを取り、賃貸住宅管理委託契約を結びました。そのときは車の中で母に子どもたちを見てもらっていました。

その後、また物件を外から見に行き、そろそろ飽きてきた子どもたちのために、近所の公園で少し遊びました。

長い時間、車に乗っていたのと、これから帰りも5時間ほど車に乗るので、休憩も兼ねました。

5 空室がまた1室増える・・・

2017年2月14日に、アパートの管理会社から電話があり「入居者が決まったのかな?」と期待したら、その反対で退居の連絡(201号室)でした。

5部屋中、2部屋も空室になってしまうのかと焦りましたが、この状況は大家力をつけるための試練なのだと自分に言い聞かせました。

埼玉からK市まで車で5時間です。自分でDIYをしに行くのが難しく、そもそも子どもを置いて泊まり込みで一人でDIYをできる技術もありません。

「私もDIYをやりたい!」という意気込みだけで、なっちーさんのDIY体験に参加させていただいているレベルでした。

空室対策としては、コンサルを2回ほど受けてアドバイスをいただきました。

なっちーさんからご紹介いただいた岩橋輝幸先生に個別コンサルをしていただき、K市の不動産屋さんはいくつあるか? 人口は? そしてどんな人が入居しているのかをきちんと調べるようにとアドバイスしていただきました。

おおよそでしかわかっていなかったので、さっそく家に帰ってネットで調べたり、入居申込書を確認しました。

電話をしづらいと感じていた管理会社さんにも、コンサル中にすぐこちらの要望を電話しました。

そして今はどういう状況なのかを確認したり、どうすれば入居者が見つかるのか？ＡＤを出せばいいのか？　こちらで何かできることはないのかと、今回ばかりはしつこいと思われるくらい管理会社さんにご相談しました。

話しているうち、受話器をにぎる手が汗でべっとりになるほどでした。

管理会社さんに確認すると「今は賃貸の需要がありません」とのことで、内覧もないとのお返事でした。繁忙期というのも特になく、動きがない地域なのかもしれません。

Ｋ市まで物件を見に行ったとき、立ち寄ったお店の店員さんが「原発が停止になってからは人口が減り、売上げも落ちている」と嘆いていました。

Ｋ市のホームページで推計人口を見てみると、私が物件を購入した２０１６年11月の人口総数は８５８０９人でしたが、２０１９年4月の人口総数は８２８１４人でしたので、2995人も減っていました。

そのような状況下で入居のハードルを下げるべく、「ペット相談可」にしたところ、ようやく猫1匹を飼っている入居希望者さんが見つかりました。

ペット相談可にすればハードルが下がることは、いろいろな大家さんから聞いていましたが、できるだけ避けたいと思っていました。匂いや鳴き声で他の入居者さんからクレームになったり、退居の原因になるかもしれないからです。

それでも管理会社さんからのアドバイスで決心しました。物件の近くにいて状況を十分に把握している管理会社さんのおっしゃることでしたので「ペット相談可」にしました。

これは物件見学ツアーで聞いたお話ですが、「猫を飼ってもいい」と許可したら、何十匹も飼っていたことがあったそうです。飼っているのが何匹かまできちんと確認しなければいけないと思いました。

今回は1匹だけということで本当に良かったです。

【K市のアパート入退去の状況】

101号室　2016年12月18日　退居
　　　　　2017年3月2日　入居
　　　　　2017年10月26日　退居
　　　　　2017年11月18日　入居

201号室　2017年3月26日　退居
　　　　　2017年10月1日　入居（ペット可）

302号室　2017年11月4日　退居
　　　　　2018年5月12日　入居（ペット可）
　　　　　2018年8月2日　退居

その後も退居がありましたが、現在は302号室のみ空室です。

このようにアパートは予定以上に入退居が多かったです。これも、実際にオーナーになって初めてわかることでした。

6 ジモティーを使った入居募集

私自身が行ったことは、ご近所（地元の）掲示板『ジモティー』（https://jmty.jp/）の登録です。

私はiPhoneのアプリで登録しました。そこで入居者の募集ができると、なっちーさんのセミナーで聞いていたのです。さっそくジモティー新潟版で入居者の募集をしました。

ジモティーには投稿情報を入力するようになっており、選択で「不動産」を選んで、カテゴリーの選択は「賃貸」「マンション」にします。写真を載せて、タイトルは（駅名と物件名）です。情報欄には、次の情報を順番に入力すれば、すぐに登録・募集掲載ができます。

【ジモティーへの入力情報】

家賃／管理費・共益費／敷金／礼金／間取り／面積／築年数

○階建／地域／電話番号／住所

しばらくすると初めての問い合わせがありました。

「2カ月くらい短期で入居したい」とのことでした。あいにく私は長期入居を望んでおり、「2年契約を結んでいるので今回はお役に立てず申し訳ございません」とお返事をしました。

登録していたのに何の反応もなかったので期待はしていなかったのですが、問い合わせがあり、見てくれている人もいたことがわかって安心しました。

クヨクヨしていてもしょうがない、とにかく前を向いて満室にすることだけに力を入れようと気持ちをリセットしました。

7 ソプラノ大家さんからのアドバイス

他にも客付け会社に直接アプローチしました。インターネットで客付け業者を探して、3社の担当者に連絡をし、主人が作成してくれたマイソク（物件のチラシ）を送りました。

マイソクを作って客付け業者にお願いするとよいと聞いたことがあったのでそうしてみました。

さらに繁忙期前には大手企業25社ほどにマイソクとお手紙を送りました。お手紙を書くのはソプラノ大家さんからのアドバイスです。

ソプラノ大家さんこと、菅原久美子さんはその名の通り、ソプラノ歌手をしながら大家さんをされています。『今すぐ妻に不動産投資をさせなさい』（KADOKAWA）、『夢とお金をひきよせるソプラノ大家さん流アパート投資のヒミツ―フツーの主婦が「夢のソプラノ歌手」になれた！』（ごま書房新社）など、著作を出されています。

ソプラノ大家さんがラジオ番組に出演され、そのときにおっしゃっていた「近くの

○ソプラノ大家さんからの手紙（抜粋）

ご挨拶

時下ますますご清栄のこととお慶び申し上げます。

弊社の近郊に物件を持っております、大家の●●●●と申します。

私の持っている物件「●●●●●●●●」、「●●●●●●●●」「●●●●●●●●」のパンフレットをお送りさせていただきます。

御社で移動なさいます社員の方々がいらっしゃいましたら、私の物件を活用していただけますと幸いです。

〜〜

お問い合わせはこちらです。

「●●●●●●●」「●●●●●●●」について
TEL ●●●● - ●●●● - ●●●●
営業時間 9：00～17：00
定休日 水曜日

TEL ●●●● - ●●●● - ●●●●
営業時間 9：00～19：00
定休日 お盆、年末年始

どうぞよろしくお願いします。

大家 ●●●●

○私の書いた手紙

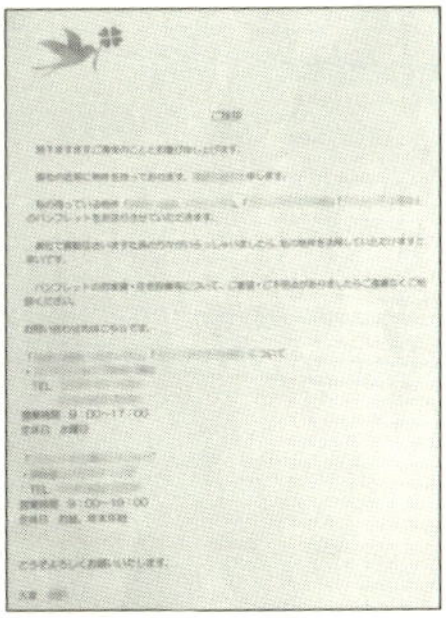

実際のソプラノ大家さんからのお手紙

企業にお手紙を出す」ということを私もチャレンジしようと思い、どのような文章で企業にお手紙を出したのか教えていただきたいとご連絡しました。

後日、ソプラノ大家さん主催のイベントに参加させていただくときにご用意いただけるとのことで楽しみにしていました。

イベント当日にお手紙のサンプルをご用意いただき、大変うれしかったです。大家さんをしている方はみんな優しい人ばかりだと感動しました。

こちらのお手紙を元にアパートの近隣の企業にマイソクとお手紙を送りました。

（残念ながら、私のお手紙ではまだ入居された方はいません・・・）

8 アパートの修繕

まず直したところは、外の柱の塗装です。

物件を見に行ったとき、真っ先に柱が錆びていて気になっていたのですが、みんなの意見を聞くと「そのままでいいのでは？」という意見も多かったのです。

それでも私は気になって「見た目も大切だ！」と4社に見積もりをお願いしました。

業者選びではインターネットで「K市」「塗装」「柱」というワードで検索しました。参考までに全社分の見積もりをご紹介します。

○A社の見積もり
115344円（税込み）

このA社はインターネットで探した物件に近い会社です。以前、この会社に101号室のトイレをウォシュレット便座にしてもらいました。

一般的に修繕をするときは管理会社から発注するものと知らず、管理会社さんに聞いたら、「投資家のみなさんはご自分で安いところを探してやっていますよ」と言われたので自分で探しました。

こうして2017年1月に、初めてこの物件で業者さんにお願いしたのがウォシュレット交換でした。

電話での問い合わせやメールでのやり取りだったのですが、トイレの中にコンセントがなく、アース付コンセントが必要なこと、そのトイレのクッションフロアもシミがあり、どうせなら張り替えたほうが良いとのことで見積もりを出してもらいました。

温水洗浄便座	１９８００円
便座取付工事費	５０００円
アース付きコンセント増設工事費	２６０００円
便器脱着工事	１２０００円
床ＣＦ張替工事	２００００円
消費税	６６２４円
合計金額	８９４２４円（税込み）

担当の方に、私がコストをかけないようにしたいから「便座を外さないでＣＦを張り替えることはできないでしょうか？」と質問しました。

ＣＦ張り替え時の便器脱着は、コストを抑えるのであれば、ＣＦに切り込みを入れて便器の周りを丸く切り抜いて張替も可能です。

１２０００円はかかりませんが、便器周りの隙間があくので、その隙間を埋めるコーキング処理費２０００円がかかり、トータルで１００００円（税別）の費用を抑えることができます。

他にも、コストを下げるとしたら、それほど目立つシミではないのでCFの張替はしなくてもいいのでは？　ということを教えてくださいました。

アドバイス通り、そのときはウォシュレット便座にしてもらうだけにしました。

○B社の見積もり
11９080円（税込み）
インターネットで探した会社です。

○C社の見積もり
83160円（税込み）
こちらもインターネットで探した会社です。

○D社の見積もり
84348円（税込み）

D社は管理会社さんが「金子さんは値段が高いところでトイレ交換等しているよう

なので・・・」と紹介してくださった会社です。

やはり遠隔ですと、どこに頼んだらいいのかわかりません。どんどん管理会社さんに質問して教えていただかないと前に進まないと思いました。

作業工程が4社とも同じようなのと、管理会社さんのご紹介ということ。それに丁寧な対応で、今後もお世話になると想像したのでD社を選びました。金額は2番目に安かったです。

その後、D社とはメールでもお電話でもやり取りをしているのですが、今まで電話に出なかったことがなく、写真を送っていただくときに、わかりやすく写真にコメントを入れてくれるところが丁寧だと感じていました。その後、サンルームが付いている部屋は初めてリフォームをしました。リフォーム費用は約30万円です。

トイレ交換／クロス貼り／襖張替え／CFの張替え／カーテンレール付け／照明器具の交換／窓枠塗装／換気扇交換／水道の水漏れ予防のパッキン交換

このような経験を通して、管理会社さんとの付き合い方が本当に大切であると実感できました。空室は未だ埋まらず様々な努力を続けている最中です。今後の進展はブログやツイッターなどでご報告いたします。

第10章

不動産投資を選んで成功した4人の「女性社長」さんたち！

パート主婦がコツコツ投資して家賃月収80万円超え！

主婦大家なっちーこと、舛添菜穂子さん

プロフィール

夫と2人暮らし。旦那さんのサラリーマン属性を借りず、OL時代にコツコツ貯めた資金500万円を使い中古戸建を購入。現在戸建をはじめ計15室所有。これまでに4室を高額売却。その他レンタルスペース1室も運営。家賃月収80万円となり、大家業・執筆活動・講演会等と幅広く活動中。

●著書『コツコツ月収80万円主婦大家なっちーの小さな不動産投資術。』『パート主婦、戸建て大家さんはじめました！』ほか（ごま書房新社）
●アメブロ　https://ameblo.jp/naaachin0225/entrylist.html
●YouTube「主婦大家なっちー」で検索してください。

所有物件

2012年1月よりスタート。木造アパート1棟、戸建て8戸、区分マンション1戸、団地2戸、レンタルスペース1件

和室の土壁をセルフで剥がして塗装しました。
金子さんにもお手伝いに来てもらいました。

都内23区内駅徒歩9分の戸建て利回り13.3%
4Kだった間取りを3LDKに変更しました

秘書大家（以下、ひ）　なっちーさんは私がずっと憧れていた人です。ご存知ない方のために、なっちーさんが投資をはじめた時期ときっかけをお話いただけますか。

なっちー（以下、な）　私には倒産～リストラ～ブラック企業と渡り歩いてきたOL時代があったので、「会社にもダンナさんにも依存してはいけない」という強い思いがありました。それで自分で何かできることはないかと考えていたときに、不動産投資というものを知りました。

ひ　最初の物件を購入したときのエピソードをお聞かせください。

な　1戸目は地元の大阪に350万円の戸建てを購入しました。それまでコツコツと貯めてきた500万円をほぼ費やしたので怖かったですが、清水の舞台から飛び降りる思いで購入しました。

ひ　やはり最初は苦労されましたか？

な　はい。リフォームと客付けがとても大変でした。というのも本に書いてあった見積もりを基準にしたところ、それが相場より安すぎたのです。当時の私は相場感覚なんてありませんから、そのまま業者さんに伝えて怒らせてしまったんです。

その後、リフォーム業者さんが決まるまで二転三転しましたし、後で振り返ると今ならもっと上手にできるのに・・・という反省があります。でもはじめから何でもうまくいくなんてないので、良い経験をしたと思っています。

客付けも同じで一社だけに丸投げしていたら、全然周知されていなかったのです。空室で買って入居が決まるまでは本当に不安でした。でも、いままでは退去もなく物件価格分は家賃で回収しましたよ。

ひ　すごい！　なっちーさんが社長になった動機は？

な　個人名義で所有していた物件を売却したとき、短期譲渡税がものすごくかかってしまったことがきっかけですね。次に買う物件からは法人にしようと、そのタイミングで法人を設立しました。

ひ　そのとき、ご主人とはどのような相談をされましたか？

な　ダンナさんは不動産投資にまったく関心がないので特に何も話してません。

ひ　それも、なかなかスゴイ話ですね（笑）。そんななっちーさんが社長になって良かったことはありましたか？

な　やはり個人でやるよりも箔が付きますし、モチベーションも上がりました。でも、それまで人を使ったことなどなかったので、スタッフに対してどう接するのか頭を悩ませました。

ひ　人を使うっていうのは、私にとってはまだ未知の話です。不動産投資をして良かったことは何ですか？

な　やはり自由に使える時間とお金ができたことに尽きますね。

それまでパート勤めをしていたのですが、どれだけ働いても売上をつくっても時給は変わりません。

それに比べて家賃収入は何もしていなくても入ってきます。もちろん、まったく何もしなくてもいいってことはないのですが、それでも時給で働くよりは断然お金が入ってきますから。

それに入居者さんという家族もできましたし。とはいえ、その反面で入居者さんとのトラブルが現在進行中ですが・・・。

ひ　いいことがあれば、悪いこともあるってことですよね。

な　その通りです（笑）。

ひ　ますますパワーアップされていますが、これからの目標は？

な　とにかく年間キャッシュフローが1000万円を超えたいです！　それと、これから不動産投資をはじめる方をサポートできるチームを作りたいです。

ひ　それは素晴らしいですね！　最後にこの本の読者さんへアドバイスをお願いいたします。

な　最初から完璧ではなくてもいいんです。まずは1歩踏み出す勇気を持ってほしいですね！

ひ　貴重なお話ありがとうございました！

ママ社長で働き方革命！
大家さんになった
元レースクイーン

古川美羽さん

プロフィール

兵庫県神戸市出身。夫と2歳の子供の3人家族。 約4年前から不動産投資をスタートし、現在は子育てをしながら大家業の他に講師業もやっている。

- 著書『子育てママがおうちにいながら年収1000万円稼ぐ投資術』（セルバ出版）
- ブログ『ママ社長で働き方革命！元レースクイーン大家になりました』 https://ameblo.jp/puppy-tamago/
- メルマガ　https://resast.jp/subscribe/90151

所有物件

戸建て1戸（2019年4月末売却）、アパート1棟、アメリカ不動産、フィリピン区分、イギリス（ケアホーム）

札幌市にある所有アパート。常に高稼働の物件。現況満室

アメリカ　テキサス州の物件（リフォーム前）
こちらも現地の人に賃貸中

フィリピンの物件
マカティにあり、現地の人へ賃貸中

秘書大家（以下、ひ）古川さんが投資をはじめたのはいつ頃でしょうか。

古川（以下、古）２０１５年より不動産投資の勉強をスタートし、その年の10月に初めて物件を購入しました。

ひ　きっかけは何だったのですか？

古　どうして私が不動産投資をはじめたのかといえば、元々レースクイーンのお仕事をしていたのですが、年齢に限界のあるお仕事のため20代前半のうちに会社員に転職しました。

ところがリーマンショックの影響で勤めていた会社が倒産しました。その後転職するも身体を壊して働けなくなる経験もしました。それで将来の不安を長らく抱えていたのです。

ひ　華やかに見える古川さんにも、大変なときがあったのですね・・・。

古　それで「女性の体力でも心配なく、末長くできる仕事ってないかな」と考えているとき、坂下仁さんの本『いますぐ妻を社長にしなさい』と出会い、セミナーに参加したことで不動産投資に目覚めました。

ひ　最初の物件を購入されるときは苦労されましたか？

古　買付証明を出したとき、私は2番手でしたが、1番手の方が上から目線のベテラン投資家だったのです。その方と不動産会社の担当営業マンがうまくいかなかったようで、最終的には私が1番手になれました。

たとえ初心者でも、丁寧に、謙虚な気持ちで不動産会社の方とやり取りしたのが良かったのかなと思いますね。

ひ　なるほど、謙虚な気持ちは大切ですよね。

不動産を買うためにどのような努力をされましたか？

古　夫と連携し、夜中でも物件検索をしました。更新される時間を狙って掲載された物件で目線に合うものがないかを探しました。

ひ　**何がきっかけで社長になったのですか？**

古　やはり坂下さんの『いますぐ妻を社長にしなさい』を読んだこと、セミナーで学んだことが大きな励みになりました。

じつは結婚して、わずか3カ月後に夫の会社が不祥事で大々的に報道され、会社の体制が変わりリストラも行われるなど、将来どうなるのか不安におそわれる出来事がありました。

なんとか今のうちに夫の収入以外のものをしっかり作っておかねばとの思いと、20代の時に安定しない時期を長く経験したことから早めに自分の世界、収入元を作っておこうと思いスタートしています。

ひ　**新婚ホヤホヤで大変な状況だったのですね・・・。ご主人とどのようなお話をされましたか？**

古　将来に備え、今から何が起きても大丈夫なように会社を設立して、資産を作りを２人で協力してやろうという話をしました。

ひ　**雨降って地固まるではありませんが、困難がご夫婦の絆をよりいっそう強くしたのでしょうね。古川さんが社長になったことでプラス面はありましたか？**

古　そうですね。人脈が広がり、今まで出会わなかったような方とも交流ができるようになり、私の視野が広がりました。

昔は「このまま専業主婦に収まってもいいかな」と思ったこともありましたが、今では「事業を展開していこう！」という考えをする自分に生まれ変われました。

ひ　たくましい！　それでも社長になって大変だったことはありましたか？

古　自分が代表のため、決済するものなどはすべて自分が決断しなければなりません。契約1つ結ぶにしても、私が足を運ばねばならないから責任を肌で感じますね。「決断する」という訓練を否が応でもしています。

ひ　不動産投資をしていて良かったことは？

古　多少の変動はあるものの、自分が労働収入以外で得ることができる収入を確保したことにより、時間の余裕ができました。こうした安定した収入があるため、自分が本来したいと思っている事業に挑戦できるようになったことです。

ひ　それは素晴らしいですね！　では、逆にトラブルに対してどのように乗り越えられましたか？

古　入居者の中には夜逃げや自己破産した方がいましたが、それに対しては先輩大家さんと管理会社の方に相談しました。日ごろからしっかりと信頼関係を結んでいたので良きアドバイスをすぐにもらえました。自分でも解決に向けて速やかに動いたので早期に解決することができました。自分で早めに行動するのが大切だと思います。

ひ　ああ、なるほど。「どうしよう、どうしよう・・・」と悩み続けるよりも、迅速な行動がトラブル回避に結びつくのですね。着実に大家さんとして成長されている古川さんですが、これからの目標は？

古　そうですね。これからは海外不動産を増やし、日本円以外の通貨も増やしていきたいですね。そして不動産以外の収入の柱も増やすことですね。

ひ　ありがとうございます。それでは最後に読者さんへのアドバイスをお願いします！

古　とくに女性の場合は、いくら投資に興味があっても、なかなか一歩足を踏み出すのが怖い・・・という方が多いと思うのですが、勉強したことをインプットしているばかりでは、時間がただただ過ぎるだけです。まずは小ぶりでリスクが低めの物件からトライしてみてはいかがでしょうか。何ごとも経験していただきたいなと思います！新しい世界が広がってより生活が楽しくなりますよ。

5年前に起業して
1年半前から
不動産投資も開始！

なかじままさ美さん

プロフィール

夫と2人暮らし。10年前までフルタイムで共働き。その後はパートで英会話講師、個人事業主として翻訳やカウンセラーをし、個人で所有していた物件を賃貸にして収入を得る。5年前に起業し、翻訳通訳や海外での事業を手がけるが、1年半前に不動産賃貸を目的とした会社を新たに作り、藤沢に新築アパートを法人で取得。今後は、国内外に更に物件を増やしていく予定。

所有物件

個人としては2003年区分1室からスタートして現在は区分2室。
会社としては2018年より新築木造アパート1棟4室を所有。

藤沢の新築木造アパート（1棟4室）

大阪の守口市の区分で所有しているマンションです。

藤沢の以前住んでいた区分マンションを賃貸にしています。

秘書大家（以下、ひ）　なかじまさんは輸入ビジネスもされていて、そのご縁があり家族で香港旅行をご一緒させていただいたこともあります。普段からとても親しくさせていただいている大家さん仲間です。

さて、なかじまさんが不動産投資をはじめたきっかけは何だったのでしょうか。

なかじま（以下、な）　私たち夫婦には子供がいませんから、夫の定年後は周囲に迷惑をかけるわけにもいきません。

これから先の収入源を得るため、まだ夫がサラリーマンでいる間にできることはないかと思いはじめました。

最初こそ夫も不動産投資には乗り気ではありませんでしたが、妻社長クラブ（現お金のソムリエクラブ）のお陰で、夫は私以上に積極的になってきました（笑）。

ひ　投資をはじめるきっかけも、各家庭でご事情がちがうものですね。初めての物件を購入されたとき、どのような苦労をされていますか？

な　たとえ夫がサラリーマンであっても、子供がいない分だけローンの返済期間に制限が設けられました。それにスルガ銀行の影響もあり、かなり長い間、投資物件を購入したくてもできない状態が続きました。

なかなか投資物件を買うための融資がおりず物件が買えなかったのですが、昨年ようやく新築アパートを購入することができました。個人で持っていた物件が担保となったので役に立ちました。もともと住んでいた場所の物件だったのも、地域が分散しないという理由です。

ひ　それは良かったですね！　ところで、なかじまさんが社長になったのは不動産購入がきっかけですか？

な　最初の会社は不動産と無縁でしたが、友人たちとのプロジェクトの延長で、当時は私だけ社長をやっていなかったこともあり、社長に就任しました。
後の不動産関連の会社では、「物件の購入の為には妻である私が社長になるしかない！」という暗黙の了解でした。

ひ　すでに別の会社では社長の経験がおありだったのですね。不動産の会社では、ご主人とどのようなお話をされたのですか？

な　夫からは「物件を買えるように会社を作るけど、いいよね？」と言われただけでした（笑）。

ひ　社長になって良かったことはありましたか？

な　「ビジネスとして、これは世の中のためになることだろうか？」という軸で物事を考えられるようになったのが良かったですね。

ひ　それでは逆に、社長になって大変なことはありましたか？

な　対外的には自分が全て決断していることになるので、しっかりと物事を確認をするようになりました。

ひ　不動産投資をして良かったと思うことは何ですか？

な　投資をするために必要な勉強をするだけでなく、実際に銀行へ案件を持ちかけて話ができました。それにより、どのような基準で融資をしてもらえるのか、どういう理由で断られるのかが分かったことです。

ひ　これからの目標をお聞かせください。

な　今後は民泊や旅館業なども視野に入れた投資物件をやっていきたいと思います。また、語学力を使って、インバウンド需要に応えていきたいとも考えています。

ひ　なかじまさんの語学力をもってすれば心強い武器になりそうですね。最後に読者さんへのアドバイスを！

な　まわりがどんどん投資できる物件を見つけて、運営していく話を聞くと「早く自分たちも！」とついつい焦りがちです。しかし、無理のない返済をして着実に資産を増やし、ビジネスとして利益を出していくこと。それこそが大切なので、焦りは禁物だと思います。

ひ　ありがとうございました！

入居者トラブルにもくじけない
働きながらヨガ講師をする妻社長

sato eririさん

プロフィール

夫と2人家族。平日はサラリーマン、週末はYOGA講師。2017年からは大家業を開始。

所有物件

木造アパート2棟を所有。大家の経験を生かし、高齢の親が住む実家をバリアフリー化して新築に建て替え。その際に賃貸併用住宅として2階部をペット（猫専用）可の賃貸物件に。結果的に親も大家さんをしている。

茨城県3DKの中古アパート

神奈川県1Kの築浅のアパート

秘書大家（以下、ひ）いつも明るくて元気なsatoさんとは、一緒にランチに行ったりする大家さん仲間です。改めまして、投資をはじめたきっかけを教えてください！

sato（以下、S）主人が坂下仁さんの『とにかく妻を社長にしなさい』を読んで影響を受けたのがきっかけで、不動産賃貸業に興味を持ちました。

また、実際に私が住んでいるアパートの大家さんがとても素敵なおばあちゃまだったので、大家さんに憧れていたこともあり、2017年6月にプライベートカンパニーを設立し、11月に初めて1棟アパートを購入しました。

ひ　1棟目の購入でご苦労されたことは？

S　大家として、1棟目の物件はかなり大変でした。というのも購入したのは超築古のアパートで、しかも全く修繕やクリーニングの手が入っていない状態だったのです。購入してすぐに外壁塗装など大規模修繕をして、少しでも入居者さんが住みやすくなるように努めました。

ひ　大変でしたね。修繕して入居はありましたか？

S　それでも空室は埋まらず、おまけに最長で入居して下さっていたおじいちゃんが室内で亡くなってしまいました。すぐに福祉の担当者が発見してくださり、幸いにも事故物件にはなりませんでしたが・・・。

ひ　入居者さんがお亡くなりになる事件は精神的にショックですね・・・。

S　はい。しかし、この最初の物件で「大規模修繕」「入居者の事故の扱い」「火災保険請求」「部屋のリフォーム」などの勉強をさせていただき、一気に大家としての経験値が上がりました。
その後は書籍や大家の先輩方から勉強をして、自分たちで実際に物件まで足を運んで部屋を住みやすく工夫したところ、すぐに入居が決まり、今では満室経営ができています。

ひ　**積極的にプラス思考で行動されているのが素晴らしいですね！　ｓａｔｏさんは不動産賃貸用の物件購入をきっかけに社長になられたそうですが、ご主人とはどのようなお話をされましたか？**

S　夫とは「なぜ不動産賃貸業をするのか？本当に必要なのか？」を話しあい、その際にそれぞれの夢や目標についてもしっかり確認することができました。今ではお互いの夢をサポートし、応援し合えています。

ひ　**それは素晴らしいですね！　社長になって良かったことは？**

S　社長仲間の女性たちと会えば、いつも前向きで建設的な話になり、同世代の友人とはまた違った意味で刺激があり楽しいです。逆に大変なのは、銀行などの金融機関で融資の交渉をすることです。

ひ　**不動産投資をやって良かったことはありますか？**

S　不動産は知れば知るほど奥が深く、また、入居者さんからも感謝してもらえ、とてもやり甲斐があります。
とりわけ苦労して満室にしたときの喜びはひとしおです。それに「不動産投資」ではなく、「不動産賃貸業」として経営する意識を持つことが重要と考えています。

ひ　**本当にその通りですね！　ｓａｔｏさんの今後の目標をお聞かせください。**

S　これから人口減少に伴い、物件の競争力が重要になっていきます。そのため、保育園やヨガスタジオの併設など、他と差別化ができる物件を持つことを目標にしています。

ひ　それはヨガ講師をされているｓａｔｏさんならではのアイデアですね。最後に読者さんへアドバイスをお願いします！

S　やはり最初の一歩を踏み出す決断が大切です。私も最初はすごく勇気がいりました。もし、興味を抱かれたら思い切ってチャレンジしてみてください！

おわりに

はじめて執筆する本ということで、何度も何度も書き直し、約1年ほど、資料まとめから、執筆に時間がかかってしまいました。

さらに、読者の皆さまに役立てるよう、ギリギリまで不動産市況や活動状況を更新していき、最後はドタバタでの校了となりました。読みづらい箇所などあったかと思います。

そんな新米著者の本を、最後までお読みいただいたことに感謝いたします。

この本では「3つの不動産投資」を紹介していますが、それぞれでなくセットの考えだとさらに成功しやすいと、私は経験から感じています。

いずれにせよ、まずはコツコツと貯めた数百万円から行える、戸建て投資かコインパーキング投資からはじめてみてください。それからすべてがはじまります。

「はじめに」でも触れましたが、不動産投資市場は現在ややネガティブな状況です。

ただ、皆さんが手を引く状況だからこそ、ライバルが減って良い物件が手に入るチャンスでもあるのです。

私の不動産投資は、何もかも成功しているかと言えば、そうでもありません。空室が生まれ、なかなか入居がつかず苦しんでいる部分もあります。ただ、若干でもプラスの状況であれば、事業としての成功であり、社会や金融機関が実績として見てくれるのです。

ママが社長のプライベートカンパニー運営することで、信用も生まれてきました。信用はやがて信頼につながり、私のプライベートカンパニーには、入居者さんからはじまり、さまざまな賃貸関係の業者さん、物件に関わるインフラの担当者さん、銀行の融資担当の方・・・など感謝や御礼をしてくれる方がどんどん増えてきました。

この感謝や御礼をいただける状況を続けること。それが、坂下先生の言われる「おカネもちの正体」に繋がっていくのではないかなと思って、今は夫婦で無我夢中で前に進んでいるのです。

私たち夫婦はもはや崖っぷちで、なりふりかまっていられないのですから（笑）。

もし読者の皆さんで、この本の内容に共感していただいた方がいましたら、ぜひすぐにでも行動することをお勧めします。

家庭の将来を考えるときはずっと先のことに思えますが、逆算すると実はもうギリギリまできていることって多いものですよ！

最後に、本書の出版にご協力いただきました皆さまへの謝辞を述べたいと思います。

私たち夫婦にサラリーマン以外の選択肢を与えてくださいました、坂下仁さん。執筆や取材にたくさんのご協力をしてくれました、元祖「ママ社長」古川美羽さん。私の不動産投資の師匠である舛添菜穂子さん、上原ちづるさん。アパート経営のご助言をくださった菅原久美子さん。勉強会の講師に来てくださった14名の先輩大家様たち。皆さまの存在がなければ、今の私はありません。本当にありがとうございます。

また、「女性社長」のインタビューにご協力いただきましたなかじままさ美さん、sato eririさん。まだまだ試行錯誤中の私に出版の機会を与えてくださった、ごま書房新社の大熊さん、編集協力の布施さん、本当にありがとうございました。

そして、執筆にあたり全面的に協力し、応援してくれた、愛する旦那さん、かけがいのない子どもたち、いつも助けてくれるお母さん、子どもたちを見てくれた両親、家族たちには本当に感謝しております。必ず幸せな家族になろうね。

皆さまのご家庭もいつまでも仲良く、豊かに過ごせることをお祈りしております。

令和元年6月吉日

金子みき

・著者プロフィール

金子 みき（かねこ みき）

埼玉県在住、小学生の子ども二人を育てる主婦。業界やSNSでは「秘書大家」の愛称で活動中。

大手スポーツ用品店のムラサキスポーツに約20年勤務、約5年間は社長秘書を担当。育児を機に退職し、その後、事業を起業するため、坂下仁氏の「妻社長」メソッドを学ぶ。2016年、不動産投資を事業とした合同会社を設立し代表となる。

会社設立と並行して不動産投資の勉強も開始。2016年に埼玉県の中古戸建てを購入し、大家さんをスタート。同年、大阪府でコインパーキング投資を開始、新潟県の1棟アパート（5室）を購入し一気に資産を拡大。現在は、空室と闘いながらも月収40万円のキャッシュポイントを築いている。主宰する勉強会は毎回著名な投資家を招き14回を数える（本書出版時）。毎回告知後すぐに満席の好評を得ている。

●アメブロ『秘書大家みきのブログ！』
https://ameblo.jp/golcoco/
●Facebook【Kaneko Miki秘書大家】

“ママ”は今すぐ“社長”になりましょう！

「夫婦」で豊かになる「3つ」の不動産投資

著　者　金子 みき
発行者　池田 雅行
発行所　株式会社 ごま書房新社
〒101-0031
東京都千代田区東神田1-5-5
マルキビル7F
TEL 03-3865-8641（代）
FAX 03-3865-8643
カバーデザイン　堀川 もと恵（@magimo創作所）
イラスト　みのも まりか
編集協力　布施 ゆき
印刷・製本　精文堂印刷株式会社

ISBN978-4-341-08737-1 C0034

ごま書房新社の本

マスコミで話題の
アラフォーママ第３弾！

〜大胆にしてエレガントな「内本式」大家術〜

アラフォーママ
“夫もビックリ”資産12億円
「女流」メガ大家さんへの道！

内本 智子　著

【とまらないアラフォーママ、
本書で「女流」メガ大家さんへの道を伝授】
子育て主婦をしながらでも、メガ大家さんになれた！
前作の“資産8億円”から”資産12億円”まで買い進めた経験より、いまの資産でさらに大きな資産を築く大胆にしてエレガントな「内本式」大家術を紹介。

本体1480円＋税　四六版　256頁　ISBN978-4-341-08637-4　C0034

業界も納得のノウハウ！
火の玉ガール初著書

〜サラリーマン・OLの将来を豊かにする
「3点倒立生活」のススメ〜

不動産投資で
人生が熱くなる!

「火の玉ガール」こと　日野 たまき　著

【「火の玉ガール」の
“パワフル不動産投資”術を初公開!】
誰もが知りたい！利回り30%のアパートなどで家賃月収40万円を得る「火の玉流」不動産投資術を初公開！
まったく時間がない子育て中の共働き主婦が考えた仕事・家庭・お金（投資）全てがうまくいく「3点倒立生活」を紹介。

本体1480円＋税　四六版　224頁　ISBN978-4-341-08656-5　C0034